Festeggiamo insieme

AF557989

Alles Digitale zu diesem Buch kann auf der Lernplattform **allango** von Ernst Klett Sprachen abgerufen werden. So geht's:

QR-Code scannen oder **www.allango.net** aufrufen | Buchtitel oder ISBN in der Suche eingeben und auf das Buchcover klicken | Zum Inhalt navigieren, direkt abrufen oder speichern

Dieses Symbol bedeutet, dass zu einem Buch-Abschnitt ein digitaler Inhalt verfügbar ist.

Federica Rapposelli

Festeggiamo insieme

Ernst Klett Sprachen
Stuttgart

Bild- und Quellenverzeichnis:
8 123RF.com (haveseen), Nidderau; **17** 123RF.com (onlyfabrizio); **20** Getty Images (nambitomo); **21** 123RF.com (Valerio Rosati); **28** 123RF.com (Leonid Andronov); **37** Getty Images (MiQ1969); **43** 123RF.com (Andrey Karpov); **46** Getty Images (Alex Rodrigo Brondani); **58** Getty Images (Piero M. Bianchi); **61** Adobe Stock (Vittomrock), Dublin; **65** Getty Images (TerryJ); **69** 123RF.com (edella); **74** 123RF.com (Antonio Gravante); **76** Getty Images (claudiodelfuoco); **84** 123RF.com (Balazs Sebok); **87** 123RF.com (niserin); **94** Getty Images (Olga Mazyarkina); **98** Getty Images (Lisa-Blue) **67** La Dolce Vita © Curci Edizione SRL/Music Union SRL/Morning Publishing SRL/Eclectic Music Group SRL/Giada Mesi/EMI Music Publishing Germany GmbH, Hamburg ZDF SRL **83** Bianco Natale © Berlin-Irving-Music Co/ Universal Music Publishing GmbH, Berlin **99** Maracaibo © Carosello Ed. Mus. e Disc. C.E.M.E.D. SRL/EMI Music Publishing Germany GmbH, Hamburg

1. Auflage 1 5 4 3 2 1 | 2027 26 25 24 23

www.klett-sprachen.de

Redaktion: Elena Bergmann
Lektorat: Linda Toffolo-Kühnemann
Layoutkonzeption: Andreas Drabarek
Gestaltung und Satz: Joachim Schrimm, ETYPO, Friolzheim
Umschlaggestaltung: Andreas Drabarek
Titelbild: Getty Images (franckreporter), München;
Druck und Bindung: Plump Druck & Medien GmbH, Rheinbreitbach

Printed in Germany
ISBN 978-3-12-565886-8

Indice

Digitales Zusatzmaterial

Weiterführende Informationen, Lieder und Rezepte finden Sie online auf www.allango.net. (siehe S.1)
Dort stehen nach Registrierung auch **Leseverstehensübungen** zu allen Geschichten zur Verfügung.

1 #Epifania#Roma#Famiglia

Massimo vive a Basilea da 20 anni. Quando è partito per la Svizzera con la sua valigia e i suoi sogni era ancora giovane e inesperto. Da giovane Massimo ha studiato ingegneria alla Sapienza di Roma e si è laureato con il massimo dei voti. Una volta finiti gli studi è stato subito invitato a partecipare a un progetto importante a Basilea da un'impresa italo-svizzera.

Il giorno in cui è arrivato a Basilea ad accoglierlo davanti alla sua nuova casa c'era Amelie, la figlia dei proprietari. Era questo il famoso colpo di fulmine? Amelie era così bella, bionda con gli occhi azzurri e la pelle bianca come la neve. Amelie era dolce, simpatica e Massimo ha pensato subito:

"Lei è la donna che sposerò!"

Oggi Massimo e Amelie hanno tre figli bellissimi: Lucas, Sophia e il piccolo Carlo. La vita a volte è proprio strana! A Massimo manca l'Italia, soprattutto durante le festività, quando c'è un'atmosfera magica. A Massimo manca Roma.

È Natale e tutta la famiglia è riunita vicino all'albero per aprire i regali. Per Massimo quest'anno c'è un regalo speciale.

"Amelie, mi hai regalato una foto di Roma?"

---

6 **un'impresa** attività economica, azienda – 9 **colpo di fulmine** attrazione improvvisa per una persona

"Gira la foto Massimo."

Si parte!

Amelie lavora in ospedale e per lei è difficile organizzare le vacanze, soprattutto durante le festività, ma è riuscita a spostare un paio di turni in ospedale e finalmente ha potuto regalare a Massimo qualche giorno di vacanza a Roma. Era da tempo che voleva farlo.

"Amelie, andiamo a Roma? Davvero? La mia Roma. Roma, la capitale d'Italia, *Roma caput mundi*, la città dai mille volti. Una città ricca di storia, la *città eterna*, un viaggio nel tempo. Piazza di Spagna, Piazza del Popolo, Piazza Navona, Piazza San Marco, la Fontana di Trevi, la Fontana del Tritone, la Fontana della

---

2 **si parte** es geht los! – 4 **spostare** cambiare qualcosa nel tempo, per esempio spostare un appuntamento ad un altro giorno – 5 **un turno** orario di lavoro – 10 **eterno, -a** che non ha fine

Barcaccia, il Colosseo, il Foro, il Vaticano… una lista infinita di luoghi, fontane, meraviglie, monumenti. Roma ha anche i migliori centri commerciali, i negozi più eleganti, i migliori ristoranti. Puoi guardare ovunque e c'è sempre qualcosa di straordinario da vedere."

Massimo ripete queste parole continuamente e Amelie le ascolta ancora come la prima volta.

"Sì, Massimo, lo so… Non esiste al mondo un posto come Roma. *Roma caput mundi.*" ripete Amelie.

Massimo si sente così felice. Sono due anni che per un motivo o per l'altro non è potuto andare a Roma. Basilea è la sua seconda casa. Ma a Roma c'è una parte del suo cuore.

"E con il lavoro come fai?" chiede Massimo preoccupato.

"Sono riuscita a cambiare un paio di turni in ospedale. Sabine mi ha aiutato, è sempre molto gentile."

"Grazie tesoro, è un regalo stupendo. Roma è speciale durante le festività… A piazza Navona, per esempio, ci andavo sempre con Daniele…"

"Sì, Massimo, lo so e sono molto contenta di passare un po' di tempo con la tua famiglia." risponde Amelie orgogliosa.

Il giorno è finalmente arrivato e Massimo non riesce a trattenere l'emozione.

"Lucas, aiuta Sophia e Carlo con le valigie." ordina al figlio.

"*Warum immer ich?*"

"Hanno 5 e 8 anni. E tu sei il fratello maggiore, non fare storie. E d'ora in poi parleremo solo in italiano, così vi abituate!"

"Ok, papà, ma sono grandi possono farlo da soli." dice Lucas convinto.

---

16 **stupendo, -a** bellissimo, meraviglioso – 20 **orgoglioso, -a** stolz – 25 **fare storie** lamentarsi di qualcosa

"*Papa, erinnern sich die*... Scusa papà, parliamo italiano! Ma i figli di zio Daniele si ricordano di me?" chiede Carlo curioso.

"Sì, Carlo. Vi siete visti un anno fa, quando sono venuti a Basilea. Ricordi?"

"Sì, ma quando ci siamo visti Mattia era un po' cattivo e in videochiamata non mi saluta mai."

"Non è vero Carlo", risponde Massimo sorridendo, "Mattia era piccolo. Ora ha cinque anni!"

"Non lo so, secondo me ha ragione Carlo! E Cristina mi prendeva sempre i giochi." dice Sophia con una smorfia.

"E sì, Sophia, Cristina ha un anno meno di te, è normale!" conferma Massimo.

"Roba da bambini! Cosa faccio a Roma tutto il tempo con questi due? Spero di avere il tempo di visitare qualche bel posto e girare qualche video per TikTok." sbuffa Lucas.

Massimo è impaziente. "Sì, sì, andiamo se no perdiamo l'aereo."

"Guarda, Carlo, quella è Roma." dice Massimo con la luce negli occhi.

"Com'è piccola, papà."

"E sì, Carlo, qui dall'aereo si vede tutto piccolo, piccolo. Ma Roma è enorme. Roma è la città più bella del mondo, Roma è..."

"Sì, sì, papà, *caput mundi*! Ma ora che facciamo a Roma? Natale è passato, Capodanno anche. Che cosa possiamo fare?"

"Carlo, c'è ancora la Befana!" interviene Amelie.

"Ah, sì, la vecchia brutta con il neo sul naso? Quella che ho visto nella foto con Mattia? Ma non è cattiva? Porta il carbone. Io non la voglio vedere."

---

10 **una smorfia** Grimasse – 13 **la roba da bambini** cose che fanno solo i bambini – 12 **cattivo, -a** ≠ buono, dolce – 25 **un neo** Muttermal – 26 **il carbone** Kohle

"Carlo, tra poco puoi chiedere tutto ai tuoi cugini, loro ti possono raccontare la storia della Befana. Ma non preoccuparti! È una vecchietta buona." si affretta a rispondere Massimo. "Non lo so papà, la foto non mi convince." risponde Carlo ancora più preoccupato.

Dopo che l'aereo è atterrato e tutti hanno preso i loro bagagli, Massimo cerca velocemente l'uscita dell'aeroporto e tutta la famiglia corre per raggiungerlo.

Daniele è davanti alla porta dell'aeroporto con un bellissimo cartellone con la scritta. "Benvenuti a Roma." Una scritta piena di brillantini.

"Daniele, ciao!" dice Massimo con la voce strozzata e gli occhi lucidi.

"Massimo, per favore, non piangere che sai come finisce. Vieni qui. Abbracciami." I due fratelli hanno un legame molto forte.

Massimo non riesce a trattenere le lacrime.

Carlo interrompe la scena di benvenuto: "Zio, zio, ciao zio, zio ti ricordi di noi? Zio che facciamo? Io ho fame!"

"Zio, che bel cartellone! L'ha fatto Cristina?" domanda Sophia.

"Sì, l'ha fatto Cristina con l'aiuto di Mattia... e non preoccupatevi, perché abbiamo pensato a un bellissimo programma: tanto cibo, tanta cultura e tanto divertimento per tutti!" risponde Daniele.

Lucas saluta lo zio con un secco "ciao" e scrive qualcosa sul suo smartphone.

"Lucas lascia il telefono, per favore, se no te lo tolgo." ordina Massimo nervoso.

---

3 **affrettarsi a fare qc** cercare di fare qualcosa il prima possibile – 15 **strozzato, -a** bloccato, interrotto per esempio a causa del pianto – 16 **trattenere** zurückhalten

"Papà, devo avvisare i miei amici che siamo arrivati. Devo mandare una foto. E aggiornare un momento i social. Dammi due minuti." ribatte Lucas sorridendo.

"Lucas, ti do tre secondi poi rivedi il cellulare quando siamo in Svizzera."

"Papà, tu davvero non capisci. La vita social è importante. Non posso perdere i miei follower. Sanno che sono a Roma..."

"Allora, Lucas, goditi Roma!" dice divertito lo zio Daniele.

"I secondi sono due." Massimo sta per perdere la pazienza.

"Papà sei rimasto negli anni '90. Aggiornati, fai un download." lo esorta Lucas.

"Lucas... un secondo." Massimo inizia a contare per calmarsi.

"Ecco, ecco..." Lucas ha capito che il papà è arrivato al limite della pazienza.

"Zio Daniele, perché Mattia e Cristina non sono venuti a prenderci?" chiede Sophia curiosa.

"Vi aspettano a casa con la zia Nadia. Vi stanno preparando un dolcetto tipico di Roma."

"Dolcetto? Quale? Ho tanta fame!" dice Carlo con impazienza.

"Sì, Carlo, il pangiallo romano. Conoscete il pangiallo?"

"Sììì, è il dolce preferito di papà." conferma Sophia.

"Era già il suo dolce preferito da bambino." Daniele sorride. "Sapete che la storia del pangiallo è antica quasi quanto Roma?" Secondo la leggenda già nella Roma imperiale preparavano il dolce per il solstizio d'inverno..."

"Che cos'è il solstizio d'inverno?" chiede Carlo.

"È il giorno con la notte più lunga." risponde Daniele.

"È un giorno triste?" chiede Sophia.

---

1 **avvisare** informare qualcuno di qualcosa – 8 **godersi qc** etw genießen – 10 **aggionarsi** modernizzarsi – 11 **esortare** incitare, dire con forza

"No, è un giorno felice, perché a partire da questo momento le giornate sono sempre un pochino più lunghe. Il pangiallo romano ricorda per forma e colore il sole. In questo modo si voleva favorire il ritorno del sole. Nel corso dei secoli, la ricetta ha subito numerose modifiche. Si utilizzano ancora frutta secca, miele, uva sultanina, scorze d'arancia candite, nocciole, pinoli, ecc."

"Che bella storia zio."

"Grazie Carlo. Anche a me e a tuo padre piaceva ascoltare questa storia quando eravamo bambini."

Daniele apre la porta di casa. "Eccoci qui. Cristina, Mattia guardate chi c'è?"

Subito Mattia accorre. "Ciao Carlo!"

"Ciao Mattia, hai detto alla Befana che sono arrivato a Roma? Così può portare dei regali anche a me."

"Sophia, Sophia, Sophia. Che bello che sei arrivata." grida Cristina.

"Ciao Cristina! Giochiamo?"

"Sì, vieni ho una nuova casa delle bambole, guarda questa bambola si chiama Sophia. È bionda come te."

Lucas è contento quando i suoi fratelli spariscono con i cugini per giocare.

"Zio, cosa faremo nei prossimi giorni? Devo girare alcuni video per il mio account su Tik Tok."

"Dimmi Lucas, sei un influencer famoso in Svizzera?"

"Zio, devi seguirmi sui social. Ho fatto alcuni balletti che hanno avuto un certo successo. Con la musica ci so fare."

---

18 **una casa delle bambole** Puppenhaus – 20 **sparire** *qui:* andare via – 25 **un balletto** danza, ballo con musica

“E sai, il fascino del ragazzo un po’ italiano un po’ svizzero.” dice Amelie ammiccando.

“Eh sì Lucas, sei un bel ragazzo moro con gli occhi azzurri. Devi avere tanti follower! Allora oggi è una giornata tranquilla. Ora vi sistemate un po’. Aprite le valigie, mangiamo il dolce di zia Nadia e poi andiamo a casa dei nonni. Questa sera ceniamo da loro. Poi domani inizia il divertimento. La mattina andiamo sulla pista di pattinaggio di Castel Sant’Angelo. C’è un bellissimo panorama.”

“Potrei registrare dei video lì.” lo interrompe Lucas.

“Sì, la pista si trova vicino al mausoleo della famiglia dell’imperatore Adriano, oggi è un museo.” continua Daniele.

“Che cos’è un mausoleo, zio?” chiede Carlo appena rientrato in salotto.

“È una tomba Carlo.”

“Una tomba è un bel panorama?”

“È una buona domanda.” ridacchia Daniele. “Ma queste sono tombe diverse. Sono delle vere e proprie opere d’arte.”

“Non lo so zio. Una tomba è una tomba.”

Tutti ridono.

“Zio e poi?” chiede Lucas impaziente.

“E poi, il pomeriggio andiamo a lanciare una monetina nella Fontana di Trevi, così tutti possono esprimere un desiderio, mangiamo un gelato e facciamo un po’ di shopping! La sera facciamo una bella passeggiata lungo Via del Corso, ora ci sono ancora le luci di Natale e l’atmosfera è magica. Se abbiamo tempo andiamo anche a vedere il Vaticano. Non lo avete ancora visto durante il periodo di Natale.” continua Daniele.

“Zio, *mega*! Alla Fontana di Trevi posso desiderare 1000 follower in più. *Safe!* E poi, sai che foto spettacolari che posso

---

2 **ammiccare** strizzare o chiudere un occhio per cercare complicità con un’altra persona – 7 **una pista di pattinaggio** Eislaufbahn – 16 **ridacchiare** ridere

fare? Magari invento anche un nuovo balletto." dice Lucas emozionato.

"Se abbiamo tempo mi piacerebbe portarvi anche a vedere le luminarie a Parco Chigi di Ariccia. Sembra un vero e proprio Parco delle Favole Incantate."

"Sì, voglio vedere un parco delle favole." grida Sophia.

Massimo l'interrompe: "E il 6 gennaio andiamo a piazza Navona."

"Certo, Massimo, il 6 gennaio come da tradizione siamo a piazza Navona."

"Allora ora posso restare in camera a montare un paio di video. Sono indipendente, posso farmi un panino." dice Lucas soddisfatto.

"Lucas...patti chiari amicizia lunga. Non mi stressare!"

"*Chill mal, Papa* ti stressi per niente, sei al 100% italiano. Io per fortuna ho il 50% di mamma tra i miei geni."

"Ma come parli?" Amelie sospira. "Lucas, tesoro di mamma, mi fai impazzire. Ti ho già detto che queste sono vacanze in famiglia e non solo social e video."

La sera tutta la famiglia è a cena a casa dai nonni, il nonno Roberto è felice e insieme alla nonna Olivia ha preparato tantissime cose buone da mangiare.

"Carlo, ma tu sei stato buono quest'anno?" chiede Mattia a Carlo.

"Sì, Mattia, chiedi a mamma e papà. Sono stato buonissimo."

"Ma non hai mai detto una bugia? Con i tuoi fratelli sei sempre stato buono? Non hai mai fatto arrabbiare la mamma? Non hai

---

13 **Patti chiari amicizia lunga.** *loc* dichiarare, dire delle regole che aiutano a mantenere una buona relazione nel tempo – 16 **Mi fai impazzire.** Du bringst mich auf die Palme. – 25 **una bugia** ≠ verita

mai preso qualcosa che non dovevi prendere? Non hai mai mangiato troppi dolci?" ci riprova Mattia.

"Sì, sì, a Natale quando la mamma non guardava, ha preso un *Lebkuchen* al miele enorme e lo ha messo tutto in bocca." dice Sophia ridendo.

"Sophiaaa! Non fare la spia."

"Che cos'è il *Lebkuchen* al miele?" chiede Mattia.

Sophia risponde: "È un dolce tipico che si mangia in Svizzera durante le feste di Natale."

"Ma Mattia perché vuoi sapere se sono stato buono? Perché arriva la Befana?" chiede Carlo un po' curioso e un po' spaventato.

"Ho visto che la mamma ha preparato le calze anche per voi." risponde Mattia.

"Le calze?" dicono in coro Sophia e Carlo.

"Sì, sono calze magiche. La Befana ci mette dentro i regali." dice Cristina.

"E come fa?" chiede Sophia.

"Guarda ora lo chiediamo bene alla nonna, lei sa la storia. Ma io so che viene su una scopa: può volare. Come le streghe." dice Mattia con voce grave e tenebrosa.

"Sì, come le streghe, ma la Befana è buona." dice subito Cristina.

"Carlo vieni da nonna, vieni anche tu Sophia, che vi racconta la storia." incita Mattia.

"Nonna, nonna, se ti aiutiamo a lavare i piatti ci racconti ancora la storia della Befana?" chiede Cristina alla nonna.

"Certo. Ci sono tante leggende sulla Befana… Lucas togli le cuffie e vieni anche tu."

---

6 **fare la spia** raccontare a qualcuno il segreto di un'altra persona – 11 **spaventato, -a** ≠ sicuro, tranquillo – 19 **una scopa** Besen – 19 **una strega** donna con poteri soprannaturali, che vola su una scopa durante la notte – 20 **grave** *qui:* tief, dunkel – 20 **tenebroso, -a** finster, dunkel – 27 **una cuffia** *qui:* strumento utilizzato per parlare al telefono o ascoltare la musica

La nonna lascia i piatti. "Sediamoci tutti, i piatti finiamo di lavarli dopo e ora vi racconto la storia che conosco."

"Sì, nonna grazie!" rispondono i bambini in coro.

"I re Magi seguivano la Stella Cometa per arrivare alla grotta di Betlemme e portare i loro doni a Gesù. Erano felici ed impazienti. Un giorno però non riuscivano a vedere la Stella Cometa. Si erano persi! Così si sono fermati davanti a una casa dove viveva un'anziana signora e hanno chiesto delle indicazioni. La donna li ha aiutati e Baldassare, uno dei re Magi, le ha detto:
'Signora, è stata così gentile, vuole venire con noi?' continua Olivia con voce grave.
Ma la vecchietta non aveva voglia e ha risposto:

'No, grazie, non ho tempo, ho tante cose da fare a casa.' dice Olivia imitando la voce di una tenera vecchietta. 'Passano un paio

4 **i re Magi** die Heiligen Drei Könige – 4 **una grotta** Höhle

di giorni e la vecchietta riusciva a pensare solo alla nascita di questo bambino speciale'. Così decide di andare a cercarlo. Purtroppo, non riesce più a trovare la grotta e per questo inizia a regalare i dolci che aveva portato da casa a tutti i bambini che incontrava lungo la strada, nella speranza di trovare prima o poi Gesù. La leggenda narra che ancora oggi la vecchietta cerca il bambino speciale e regala dolci a tutti i bambini che le lasciano una calza. La Befana, se ha bisogno, può prendere la calza e può usarla."

"Grazie nonna è una storia bellissima." dicono i bambini.

"Grazie! Torno a lavare i piatti, ora mi aiutano i vostri papà, voi divertitevi un po' insieme."

"Sophia vuoi sentire la filastrocca della Befana? L'abbiamo imparata a scuola." chiede Cristina.

"Certo, sembra divertente."

"La Befana vien di notte
con le scarpe tutte rotte
col vestito alla romana:
Viva viva la Befana!"

"Carlo, se da voi non c'è la Befana, chi vi porta i regali? Viene solo Babbo Natale?" chiede Mattia.

"Carlo, lascia fare a me, ci penso io a raccontare la storia." risponde Lucas con presunzione.

"Noi abbiamo il Christkind: è un bambino che porta i regali di Natale. Lo immaginiamo come un bambino angelico e biondo. Per capire meglio, non come Carlo che non è per niente angelico!"

1 **la nascita** Geburt – 17 **rotto, -a** ≠ nuovo, intatto

"Il Christkind è Gesù?" chiede Mattia.

"Dal Medioevo San Nicola portava i regali ai bambini il 6 dicembre. Il Christkind è un'invenzione protestante che risale a Martin Lutero.

Oggi nel sud della Germania, in Svizzera, Austria, Liechtenstein e Alto Adige, il Christkind porta ancora i regali mentre nel Nord della Germania viene Babbo Natale." specifica Amelie.

"Lucas, non conoscevi tutta la storia." dice Sophia.

Lucas e Sophia litigano.

"Basta per favore." continua Massimo. "Non ci dimentichiamo che il 6 gennaio arrivano i re Magi."

"Sììì, i re Magi arrivano anche qui." aggiunge Mattia.

"Vieni, Sophia, guarda il presepe dei nonni. Ogni volta che veniamo a trovare i nonni Gaspare, Melchiorre e Baldassarre sono sempre più vicini alla capannina di Gesù." dice Cristina contenta.

Sophia guarda stupita. "Ma che bel presepe Cristina."

"Mamma, papà possiamo giocare con le pecorelle?" chiede timidamente Carlo.

"Meglio di no, Carlo." risponde Massimo. "Il nonno ama il suo presepe. La fontanella l'ha costruita con le sue mani. È un piccolo artigiano."

"Ora andiamo a casa! Ci aspettano due giorni molto impegnativi." esorta Nadia.

È già arrivata la sera del 5 gennaio. Massimo e la sua famiglia si sono goduti due giorni magici tra le vie di Roma e l'ottima guida dello zio Daniele.

---

2 **il Medioevo** Mittelalter – 9 **litigare** streiten – 13 **un presepe** decorazione natalizia che rappresenta la nascita di Gesù con figure – 15 **una capannina** kleine Hütte – 16 **stupito, -a** sorpreso – 17 **una pecorella** piccola pecora, animale che si trova in una fattoria – 20 **una fontanella** una piccola fontana, costruzione in pietra dalla quale esce l'acqua

Lucas ha fatto un video con alcuni passi di danza sulla pista di pattinaggio di Castel Sant'Angelo. Il video ha già ricevuto più di 500 like.

La sera, la zia Nadia mette le calze di tutti i bambini sul camino e ne mette una anche per Lucas.

Lucas si fa una foto e la tagga sui social:

#ritornoall'infanzia #cosadevosopportare #Befana.

Carlo non riesce a dormire e ogni cinque minuti guarda fuori dalla finestra per cercare la vecchietta che vola sulla scopa.

"Eccola, eccola! Guardatela tutti, vola nel cielo sta arrivando. Eccola." grida Carlo.

È forse un sogno? Nessuno sembra ascoltarlo. Ma lui l'ha vista.

La mattina le calze sono piene di colori per disegnare, caramelle e un pochino di carbone. Il carbone in realtà è fatto con lo zucchero e tanti coloranti! Lucas fa una foto e la tagga.

#carbone #sonounbimbocattivo

"Oggi siamo tutto il giorno a piazza Navona." dice la zia Nadia. "Lo zio Daniele ha preparato degli ottimi spuntini per il pranzo e poi la sera ceniamo in un ristorante."

Sophia e Carlo hanno uno sguardo affascinato nell'assistere alla bellezza di piazza Navona in questa giornata. Artisti di strada che fanno animazione, giocolieri, acrobati, musicisti. Senza dimenticare le bancarelle piene di dolci come le mele caramellate e poi c'è il carosello. Ad animare ancora di più la festa dell'Epifania a Piazza Navona c'è il concerto della banda del Corpo Nazionale dei Vigili del Fuoco.

"Mamma guarda, si lancia!" grida Carlo. "Ma è la Befana?"

"No, Carlo, la Befana è passata ieri, quello è un vigile del fuoco travestito da Befana con tanto di scopa che si lancia dalla chiesa di Sant'Agnese in Agone." dice lo zio. "Guardate con attenzione e poi viene la parte migliore, ci sono dei personaggi famosi che distribuiscono dei dolci ai bambini!"

"Famosi come Lucas?" chiede Mattia.

"Sicuramente meno." ironizza Massimo.

4 **una bancarella** banco all'aperto con merce da vendere, per esempio a un mercato.

Le vacanze sono giunte al termine.

"Cristina, mi sono divertita tanto... grazie per avermi fatto giocare con i tuoi giochi. E Mattia, grazie per avermi dato i colori per fare un disegno per la zia Nadia e lo zio Daniele. Mi mancherete tanto." dice Sophia.

"Ma Sophia, quando c'è la prossima festa a Basilea?" chiede Cristina.

"La prossima festa è il Carnevale!"

"E cosa si fa a Carnevale? Ci sono i carri? E le maschere?" chiede Mattia.

"È una festa divertentissima. Ci sono i tradizionali carri, i *Gugge* che sono delle bande che fanno musica divertente e sono sempre tutti travestiti. E tante altre cose bellissime che dovete vedere." dice Sophia.

"Il Carnevale di Basilea inizia il lunedì successivo al Mercoledì delle Ceneri alle quattro del mattino. Quando suonano le campane della Chiesa di San Martino, tutte le luci del centro si spengono." precisa Amelie.

"Papà, papà possiamo andare a Basilea a febbraio c'è il Carnevale." dicono in coro Cristina e Mattia.

"Massimo, che ne dici, ci ospitate?" ridacchia lo zio Daniele. "Ti porto un bel pacco romano con le ciambelline al vino, i bucatini e il guanciale!"

"Daniele, non devi neanche chiedermelo. Ma se dimentichi di portare il pacco, non ti presentare a casa mia!" continua Massimo ironicamente.

Quando arrivano all'aeroporto Lucas si fa un selfie:

#VacanzeFinite # L'EpifaniaTutteLeFesteSiPortaVia #PapàPiange

---

9 **un carro** *qui:* (Karnevals-)Wagen – 13 **travestito, -a** mascherato, se ci si traveste, per esempio per Carnevale a volte si imita un personaggio famoso o qualcosa di famoso o conosciuto – 16 **una campana** (Kirchen-)Glocke

2 Rabadan a Bellinzona

Luis ha 13 anni, è uno studente modello, è un ragazzo educato e rispettoso. La sua migliore amica si chiama Nora, si conoscono dall'asilo. Nora ha deciso di partire, di andare in Svizzera e fare una nuova esperienza, uno scambio culturale. È un viaggio breve, ma Nora è molto entusiasta e vuole convincere Luis a fare quest'esperienza con lei.

Luis non è convinto.

"Parlo già molto bene italiano, mamma è italiana."

"Non voglio perdere gli allenamenti e i tornei di basket."

"Perché dovrei andare in Svizzera e non in Italia?"

Questi erano i pensieri di Luis. Ma Nora era decisa a convincerlo!

All'inizio Luis era irremovibile ma poi Nora gli ha detto l'unica frase a cui Luis non poteva dire di no.

"Non puoi lasciarmi sola."

Luis non vuole e non può lasciare sola Nora. È la persona più importante della sua vita, dopo i suoi genitori.

Ma ora Luis ha un problema. Come dirlo alla mamma?

La sua mamma, più o meno alla sua età, aveva fatto un anno di scuola in Germania e si era innamorata del suo papà e dopo la scuola aveva lasciato l'Italia per vivere in Germania. La mamma gli dice sempre che viaggiare cambia la vita.

"Ma oggi è davvero il giorno giusto per affrontare questo tema?" pensa Luis dubbioso.

Luis è in punizione. Forse per la prima volta nella sua vita. Questa volta però l'ha combinata davvero grossa.

Il fine settimana Luis era tornato molto tardi e aveva speso tutti i suoi soldi per quel panino delizioso e quella coca-cola fresca e

---

9 **un allenamento** Training – 11 **convincere qu** jdn überzeugen – 12 **irremovibile** una persona inflessibile, che non cambia idea – 23 **dubbioso, -a** ≠ sicuro, deciso – 24 **essere in punizione** Hausarrest haben

aveva offerto da mangiare e da bere anche a Nora. Fino a qui tutto bene. La mamma e il papà di Luis gli danno ogni settimana dei soldi che lui deve imparare a gestire e risparmiare. Luis aveva risparmiato ben 150 euro senza privarsi mai di una bibita o un panino e poteva anche offrire qualcosa a Nora. Riusciva ogni volta a mettere da parte qualcosina. Ma proprio quella sera, mentre mangiava con Nora e altri amici, voleva far vedere a tutti un video di Tik Tok troppo divertente e il cellulare gli è sfuggito dalle mani. Il cellulare ha sbattuto sul tavolo, poi sulla sedia e infine è caduto a terra. Ha preso davvero una brutta botta e non si è più riacceso. Il cellulare era nuovo, era un regalo di compleanno e Luis non aveva messo la custodia come gli aveva detto la mamma, perché la custodia, secondo lui era brutta. Luis doveva assolutamente comprare un cellulare nuovo e identico al "vecchio" senza chiedere niente alla mamma o al papà, ma aveva bisogno ancora di 50 euro.

La mamma lascia sempre il portafoglio nella sua borsetta rosa. Luis lo sa, ma non aveva mai "rubato" dei soldi… questa volta era un'emergenza. Il piano era perfetto. La mamma va a letto sempre alle 22 e Luis poteva tranquillamente cercare i soldi. Purtroppo la mamma proprio quella sera aveva sete e si è alzata nel momento esatto in cui Luis era con le mani nella sua borsa.

"Luis, non ci credo! Cosa stai facendo? Hai perso la mia fiducia, sei in punizione!" Parole dure per Luis che è sempre stato un bravo ragazzo.

Luis cerca di dimenticare quella sera e quelle parole, si vergogna ancora tanto. Gira avanti e indietro nella stanza.

"I miei voti a scuola sono buoni. Metto sempre in ordine la stanza. Aiuto sempre quando hanno bisogno." pensa Luis tra sé e sé.

---

4 **privarsi** rinunciare a qualcosa che può essere importante – 8 **sfuggire** cadere, scivolare – 10 **una botta** un colpo violento – 12 **una custodia** *qui:* protezione per il cellulare – 25 **vergognarsi** sich schämen – 27 **il voto** *qui:* (Schul-)Note

"Ho fatto un errore, ma è il primo e l'ultimo." si convince Luis. Posso iniziare con un: "Mamma, lo sai che ti voglio bene!"

Oppure:

"Mammina, lo sai che ti voglio bene." Luis prova il suono della sua voce.

"Forse non è un buon inizio, capisce subito che voglio qualcosa da lei." pensa Luis preoccupato.

"Allora, mamma, sono grande ormai..." dice Luis ad alta voce e con tono convinto.

Forse anche questo non è un buon inizio. Luis è grande, ma non tanto. Non è convinto. Ci ripensa subito.

"Mamma, a scuola mi hanno offerto una grande occasione." urla Luis sorridendo nella sua cameretta da solo.

"Sì, sì, questo è un buon inizio." si convince Luis.

"Mamma, a scuola mi hanno offerto una grande occasione." Sì, è pronto per parlare con la mamma.

"Luis, perché stai facendo avanti e indietro senza tregua nella tua stanza? Cosa succede?" lo interrompe la mamma preoccupata per averlo sentito parlare da solo.

"Mamma, c'è una grande occasione". grida Luis. "Non era così la frase." pensa sconsolato.

"Che occasione Luis?" chiede la mamma con sospetto.

"Mamma, è la scuola. E si tratta di una grande occasione." ripete Luis.

Non era così neanche questa frase, ma c'è la parola *scuola* dentro.

"Luis non so se ti meriti una grande occasione, ma vieni, siediti e parliamone. Vuoi che ne parliamo anche con papà o vuoi anticiparmi qualcosa?"

---

2 **volere bene a qu** jemanden lieb haben – 17 **senza tregua** in modo continuo, senza pausa – 22 **un sospetto** un dubbio

"Non ho fretta di parlare con papà, mi sembra ancora un po' arrabiato, magari con papà puoi parlare tu."

"Luis, mi stai preoccupando! Non è una cosa bella? Hai detto che è un'occasione."

"Sì, allora inizio dal principio mamma."

"Luis non iniziare dal Medioevo che oggi abbiamo tante cose da fare."

"Io studio molto e grazie a te parlo molto bene italiano e sai che mi piace viaggiare e che i miei voti sono buoni."

"Sì, Luis, i tuoi voti sono molto buoni."

"E poi sai che sono bravo, mi comporto bene, a parte il piccolo incidente dell'altra sera."

"Piccolo?! Luis arriviamo al punto?"

"Sì, ecco mamma, dammi tempo. A scuola ci hanno proposto uno scambio culturale. Sai cos'è?"

"Sì, Luis, so cos'è."

"Va bene, ma te lo spiego comunque. Noi studenti tedeschi abbiamo la possibilità di andare in Svizzera, precisamente in Ticino, a Bellinzona e possiamo abitare tre settimane presso una famiglia del posto. Poi i loro figli vengono qui e restano a casa nostra tre settimane. Insomma, si parla la lingua e si conosce bene una nuova cultura. Una vera e propria occasione!"

"Non ti basta parlare italiano con me?"

"Mamma..."

"Scherzo, Luis, è una buona occasione, lo so! Non devi convincermi. E anche tuo padre ama queste esperienze. Ma hai solo 13 anni. Ho bisogno di più informazioni prima di prendere

---

1 **avere fretta** fare qualcosa velocemente – 3 **preoccuparsi** qualcosa che provoca ansia che non ci fa stare tranquilli – 6 **il Medioevo** Mittelalter – 19 **presso** bei

una decisione. E non so se ti meriti una cosa così bella! Ne parliamo a cena sei, d'accordo?"

"Sì, mamma, ma è più un sì o un quasi no?"

"Luis, devo avere più informazioni."

"Va bene, mamma."

A cena Luis è pronto con tutte le informazioni. Dépliant e cose trovate in internet.

"Mamma, papà, ho scaricato e stampato tutte le informazioni che possono esservi utili per prendere una decisione. Dovete solo leggere e decidere."

"Facci vedere." dice la mamma.

> Vantaggi di uno scambio culturale: uno scambio culturale è un'occasione unica per immergersi in una nuova cultura e vivere insieme a una famiglia del posto. È il modo migliore per esercitare la lingua ed entrare in contatto con nuove usanze...

"Luis so già cos'è uno scambio culturale." sbuffa la mamma.

"Lo so anch'io Luis, anche se non ho avuto la fortuna di farlo." sospira il papà.

"Esatto papà, è una fortuna, comunque leggete questo"

---

6 **un dépliant** foglietto illustrativo con una pubblicità o delle informazioni – 8 **scaricare qc** etw herunterladen – 17 **sbuffare** soffiare aria con forza dalla bocca

Bellinzona è un piccolo gioiello del Ticino. Una città dove si può respirare un'atmosfera medievale. La Fortezza di Bellinzona con i suoi tre Castelli (Sasso Corbaro, Castelgrande e Castello di Montebello) e la cinta muraria, sono iscritti dal 2000 sulla Lista del Patrimonio Mondiale dell'Umanità (UNESCO). Una città pulita e a misura d'uomo…

"Luis, sei molto bravo, hai preso molte informazioni, ma vorrei sapere quando parti, dove dormi, chi vi accompagna. Sono queste le informazioni di cui ho bisogno."

"Ah sì, mamma. Ma è sempre meglio avere tutte le informazioni per prendere una decisione così importante."

"E ti ringrazio. Ora veniamo al dunque."

"Sì, mamma, questo è il foglio che mi hanno dato a scuola."

Scambio culturale in Ticino

Il Goethe-Gymnasium è gemellata con il "Liceo cantonale di Bellinzona" e ogni anno organizza per i ragazzi di 15 anni un'imperdibile esperienza di un mese dove si vive con una famiglia del posto. La partenza è prevista per il mese di marzo. I ragazzi avranno anche l'occasione unica di assistere al famoso Carnevale di Bellinzona. Inoltre, i ragazzi potranno frequentare quotidianamente le lezioni insieme ai loro partner ticinesi.

2 **un gioiello** cosa preziosa per le sue doti, le sue qualità – 4 **medievale** → del Medioevo (p.26) – 5 **una fortezza** Festung – 9 **una cinta muraria** un grande muro che protegge una città – 11 **a misura d'uomo** adatto alle esigenze di un uomo – 17 **venire al dunque** arrivare velocemente a una parte del discorso che è interessante e importantente per la comprensione

"Conosciamo in anticipo la tua famiglia ospitante?" chiede la mamma.

"Non lo so, mamma, ma so che ci sono delle liste, la nostra insegnante d'italiano, la signora Hackl, ci accompagna insieme alla tutor del progetto, la signora Kopp."

"Allora facciamo così: domani chiamiamo la scuola. Parliamo con la signora Hackl o la signora Kopp e poi decidiamo."

"Mamma, papà, ma è più un sì o un probabile no?"

"Luis, mangia!" rispondono in coro i genitori.

"Allora, mamma, cos'ha detto la signora Hackl? Cosa avete deciso?"

"La signora Hackl mi ha spiegato tutto. Mi ha parlato della tua famiglia, del viaggio e delle cose interessanti che potete fare. Appena arrivati, la vostra famiglia vi aspetta alla stazione dei pullman. Ma la Signora Kopp e la Signora Hackl sono reperibili in ogni momento."

"Mamma, allora è un sì?"

"Sì, Luis, è un sì! Tra due mesi sarai a Bellinzona per vivere la tua bella occasione. E forse tra due mesi avrò dimenticato l'incidente dell'altra sera…"

Luis è al settimo cielo. Non vede l'ora di chiamare Nora, lui non la lascia sola. Mai.

Luis sogna il suo viaggio, ma improvvisamente è spaventato. Devo vivere con una famiglia sconosciuta? Completamente solo? Luis ha un po' paura, ma non può rinunciare. Ancora due mesi…

---

1 **in anticipo** im Voraus – 15 **reperibile** qualcosa che si può trovare o rintracciare facilmente – 21 **essere al settimo cielo** quando si è molto felice – 23 **essere spaventato, -a** avere molta paura per qualcosa

I due mesi sono volati.

"Ragazzi, controlliamo che ci siano tutti un'ultima volta e iniziamo a salire sul pullman, tra dieci minuti si parte. Altmann, Bonned, Fischer, Hahn..." chiama la signora Kopp.

"Mamma, ho un po' paura." dice Luis tremando.

"È normale, Luis. Ma c'è anche Nora e ci sono le tue insegnanti. Se ti comporti bene, va tutto bene! Non rubare soldi alla famiglia e scrivimi quando arrivi."

"Mamma, non fa ridere!"

"Un po' sì, Luis. Vedi, dopo due mesi posso scherzarci su. Ti voglio bene, fai buon viaggio!"

"Ragazzi, si parte e d'ora in poi si parla solo italiano!" grida la signora Hackl. "Pronti per questa nuova avventura?"

"Sììì!" rispondono tutti i coro.

"Ragazzi cosa vuol dire *a Carnevale ogni scherzo vale*?" chiede la signora Kopp.

"A Carnevale si possono fare tanti scherzi e nessuno si deve arrabbiare!" risponde un ragazzino in fondo al pullman.

"Manca solo un' ora all'arrivo. Che ne dite di fare un quiz per vedere se siete preparati?" propone la signora Hackl.

"Sì, siamo pronti." rispondono tutti in coro.

La signora Hackl inizia con la sua lista di quiz e gli studenti rispondono in coro velocissimi.

"Dove si trova la vostra scuola?"

"Via Marco Polo 2."

"Quali sono i numeri di emergenza?"

"Il 144 è il numero da comporre in caso di un'emergenza sanitaria."

"Altri numeri d'emergenza?"

"Polizia 117."

"Pompieri 118."

"Molto bene! Ora due domande sulla cultura. Tra poco ci sarà il Carnevale. Come si festeggia il Carnevale a Bellinzona?"

"Io, io, io lo so!"

"Prego, Luis!"

"Il Carnevale a Bellinzona si chiama Rabadan ed è un appuntamento per trascorrere tutti insieme i giorni più divertenti dell'anno. Il Carnevale, di rito romano, comincia il giovedì con la consegna delle chiavi al Re Rabadan."

"Luis, complimenti, hai fatto i compiti come sempre."

"E cosa si mangia al Carnevale di Bellinzona?"

"Io, io prof. Io!"

"Prego, Nora."

"Ci sono decine di piccole tende dove si può mangiare, bere e ballare fino alle prime ore del mattino. I piatti tipici sono il risotto e le luganighe. Questi piatti in passato venivano serviti gratuitamente a tutti gli abitanti della città."

"Nora, sei bravissima!" dice contenta la signora Kopp. "Ricordate che al vostro ritorno dovete scrivere una bella relazione sulla vostra avventura. Non dimenticate di fare delle domande alla vostra famiglia ospitante. Siamo quasi arrivati alla stazione."

"Nora, tu sei preoccupata?" chiede Luis.

"Un po', Luis, ma sono anche molto felice."

Nora è cresciuta con i nonni paterni. Non ha mai conosciuto la sua mamma e il suo papà è sempre in giro per lavoro. Nora è felice con i nonni, studia e ha tanti amici, in particolare Luis che la protegge sempre.

I ragazzi scendono emozionati dal pullman e vedono tutte le famiglie pronte ad accoglierli.

---

8 **una consegna** dare qualcosa in mano a qualcuno – 13 **una tenda** Zelt – 15 **una luganiga** salsiccia di carne di maiale lunga e sottile – 18 **una relazione** *qui:* testo informativo

"Nora, loro sono Alberto e Federica. Sono la tua famiglia ospitante per questo mese. E questa è Ilaria, la tua partner, e il suo piccolo fratellino Luca. Divertiti e impara tante cose nuove." dice la signora Kopp.

"Ciao, Ilaria, sono contenta di conoscerti!"

"Anch'io Nora."

"Hai un nome bellissimo." balbetta Luca.

"Grazie, lo ha scelto mia nonna."

"Andiamo a casa, il viaggio è stato molto lungo. Puoi fare una doccia, sistemarti nella tua nuova camera e dormire molto! Domani mattina abbiamo tanto tempo per parlare e conoscerci." incita Federica.

"Sì, grazie, è una buona idea. Chiamo i nonni, faccio una doccia e dormo tantissimo."

Nora non riusciva a chiudere occhio. In stanza con lei c'era un gatto. Nora ama i gatti, ma questo la stava fissando e lei poteva vedere i suoi occhi gialli e spaventosi. Poi improvvisamente *bam:* il gatto le dà una testata fortissima.

"Perché?" pensa Nora spaventata.

E poi… ròn ròn. Il gatto fa le fusa.

"Questa notte sarà molto lunga." pensa Nora distrutta.

Ma alla fine Nora e il gatto si sono addormentati abbracciati e Nora non ha sentito molto la mancanza di casa.

"Nora, Felix ti ha disturbato? È entrato in camera tua. Adora dormire con qualcuno. Ci dispiace." dice Federica preoccupata la mattina seguente.

"No, è stato bello non dormire sola!"

"Siamo contenti. Allora, Nora, la prossima settimana è Carnevale…" annuncia Alberto.

---

7 **balbettare** parlare in modo disarticolato – 12 **incitare** incoraggiare – 16 **fissare** guardare intensamente – 18 **una testata** Kopfstoß – 20 **fare le fusa** schnurren – 21 **distrutto, -a** molto stanco

"Sì, lo so! A scuola ci hanno parlato molto del vostro Carnevale. Non vedo l'ora di vederlo."

"Noi ci vestiamo a tema! E vogliamo includere anche te, così abbiamo parlato con le tue insegnanti per avere la tua taglia e farti una sorpresa." continua Federica. "Ecco qui. Tu sei Hermione e Ilaria è Luna, io la professoressa Minerva e Alberto il direttore Alpullman. Luca invece è Dobby."

"Che belli! Sono davvero contenta." esclama Nora.

"Conosci Harry Potter, vero?" domanda Alberto.

"Certo! Ho letto anche tutti i libri. Lo adoro! A proposito... nessuno si veste da Harry?"

"Certo, Giovanni è Harry Potter!"

"E chi è Giovanni? Il tuo fidanzato?" chiede Nora a Ilaria.

"No, Nora! Blah!" risponde Ilaria con una smorfia. "È mio fratello maggiore. Ieri era a dormire a casa di un amico, ma sta arrivando, così lo conosci, purtroppo!"

"Buongiorno famiglia! È arrivata la tedescuccia?"

"Giovanni, non essere maleducato!" lo riprende subito Federica. "Lei è Nora."

"Ciao Nora, è un piacere conoscerti."

Giovanni era bellissimo, altro che Harry Potter. Alto, moro, occhi azzurri, labbra carnose e pelle scura. Nora non aveva mai visto un ragazzo così bello.

"Nora? Nora? Tutto bene?" chiede Ilaria.

"Sì, sì, scusate ero sovrappensiero." Nora arrossisce.

"Ora, Nora, continuiamo con il programma del Carnevale." continua Federica. "Allora, giovedì sera andiamo a vedere la consegna delle chiavi, quando il sindaco consegna le chiavi della città a Sua Maestà Re Rabadan. Venerdì c'è la sfilata mascherata

---

14 **una smorfia** Grimasse – 18 **maleducato, -a** persona arrogante e insolente – 25 **essere sovrappensiero** pensare a qualcos'altro mentre altre persone parlano – 25 **arrossire** diventare rosso in viso, provare vergogna

dei bambini delle scuole elementari e materne del bellinzonese a cui quest'anno partecipa anche Luca. Poi venerdì pomeriggio c'è il corteo dei bambini. Scuole elementari e materne della regione sfoggiano con orgoglio i costumi cuciti secondo il tema dell'anno. Sabato c'è l'esibizione musicale delle Guggen ticinesi. E infine domenica partecipiamo al "Grande Corteo Mascherato", ci sono oltre duemila comparse, è una sfilata di carri e gruppi con musiche."

"Andiamo tutti i giorni?" chiede Nora sorpresa.

"Certo, è l'evento più importante dell'anno." risponde Federica.

Il Carnevale è finalmente iniziato. Nora è stanca, ma contenta. Ha partecipato all'emozionante consegna delle chiavi del sindaco, ha accompagnato Luca al corteo di Carnevale. Luca non ha lasciato mai la sua mano. Sabato ha assistito all'esibizione musicale delle Guggen, vicino a Giovanni. Ma Ilaria non li ha persi di vista un secondo!

La domenica invece hanno deciso di passarla con la famiglia ospitante di Luis. La famiglia di Luis e la famiglia di Nora sono amiche, e si sono organizzate per partecipare insieme al "Grande Corteo Mascherato". Nora e Luis sono molto emozionati.

"Ciao, tu sei Nora, vero?" chiede Alex, il partner di Luis.

"Ciao, sì!" risponde Nora.

"Luis ha parlato molto di te..." dice Alex sorridendo.

Luis diventa tutto rosso.

"Sì, io e Nora siamo amici da bambini." spiega Luis timidamente.

"Ci siamo conosciuti all'asilo. Luis mi rubava sempre da mangiare!" aggiunge Nora.

Tutti ridono.

---

4 **sfoggiare** mettere in mostra, far vedere qualcosa con orgoglio – 4 **cucire** nähen – 7 **una comparsa** Statist – 14 **un'esibizione musicale** concerto – 15 **perdere di vista** non vedere più qualcosa o qualcuno

"E lei è Ilaria." continua Nora.

"Sì, anch'io e Ilaria siamo andati insieme all'asilo." racconta Alex. "Lei mi rubava sempre il ciuccio e scappava!"

"Non è vero! Tu lo rubavi a me e io piangevo sempre!" precisa subito Ilaria.

"Non mi ricordo." ridacchia Alex.

"Nora, sei bellissima! Sei vestita da Hermine?" chiede Luis ammiccando.

"Sì, e lo sai che in italiano si chiama Hermione?"

" Sì, mamma mi ha fatto leggere tutti i libri in italiano!"

"E tu sei vestito ehm... come uno smile sorridente? E Alex è un'emoticon arrabbiata?"

"Sì, siamo tutti un'emoticon!" risponde Luis.

"Sono stati davvero gentili a comprare un costume anche per noi!" dice Nora contenta.

"Ilaria, tu ti sei vestita da Luna? Sei uguale all'originale!" afferma Luis sorridendo.

"Luis, sei sempre il solito dongiovanni." risponde Nora contrariata.

"Ma manca Harry Potter nella tua famiglia?" chiede Luis.

"No, c'è. Il fratello d'Ilario. È quel ragazzo lì, nascosto tra la folla." risponde Nora un po' rossa.

"Ahh qualcuno ha preso una cotta." ridacchia Luis.

Luis ride, ma è geloso. Nora è solo sua, almeno nei suoi sogni.

"Luis!" esclama nervosa Nora.

"Sapete come si chiama il Carnevale di Bellinzona?" chiede Alex.

"Certo, Rabadan! Che significa casino, festa grande." risponde Luis.

---

3 **un ciuccio** oggetto che i bambini mettono in bocca quando sono nervosi o quando gli fanno male i denti – 8 **ammicare a qu** jdm zuzwinkern – 104 **un dongiovanni** un seduttore attraente che corteggia molte donne – 18 **prendere una cotta** innamorsarsi improvvisamente

"Nella società ticinese, fino alla metà del XX secolo il Carnevale significava soprattutto mangiare tantissimo prima dell'inizio del digiuno che si faceva prima della Pasqua!" dice Ilaria.

"Sì, lo abbiamo studiato! Non vedo l'ora di provare il tipico risotto!" esclama Nora.

"Prima di mangiare, volete ascoltare una filastrocca che impariamo a scuola per il carnevale?" propone Ilaria.

"Certo." risponde Nora.

"Alex, vieni! Cantiamo la filastrocca di Carnevale."

"Non ci penso proprio!"

"Sei sempre il solito, la canto sola." dice Ilaria sconsolata.

Ca ca ca Carnevale
ogni scherzo adesso vale
pi pi pi piano piano
scherzo ancora in modo strano
Ti diverti un mondo, balli, canti e ridi
ti travesti e trucchi come vuoi tu
scherzi a volontà e mangi a sazietà:
è la più bella festa che ci sarà!
Ca ca ca Carnevale
ogni scherzo adesso vale
pi pi pi piano piano
scherzo ancora in modo strano

"Ilaria, è bellissima." esulta Nora contenta.

"Ora andiamo tutti a mangiare, è tardi!" dice Federica affamata.

"Ci saranno migliaia di persone!" nota Nora sbalordita.

---

3 **fare il digiuno** non mangiare per un lungo periodo – 6 **una filastrocca** canzone o poesia per bambini – 11 **sconsolato, -a** triste – 17 **travestirsi** sich verkleiden – 17 **truccarsi** sich schminken – 22 **sbalordito,- a** sorpreso

“E sì, Nora, vedi, la strada è chiusa al traffico e così ci possiamo muovere come vogliamo e in sicurezza, ma mi raccomando” esorta Federica “restate sempre vicino a noi. È facile perdersi con tutta questa gente.”

Nora e Luis guardano tutto affascinati.

“Luis, hai parlato con tua mamma?” chiede Nora mentre si avvicinano al capannone per mangiare il tipico risotto.

“Certo! Questa sera devo chiamarla per raccontarle tutto meglio. Non ho avuto tanto tempo questo fine settimana.”

“Anch’io ho parlato poco con i nonni. Sono davvero felici che sono qui, ma sentono la mia mancanza.”

“E hai chiamato il tuo papà?”

“Sì, ma lui è sempre molto impegnato, non ci voglio pensare. Guarda, Luis, guarda che carro bellissimo!”

“E guarda, Nora, tutto il centro storico con questi grandi capannoni…”

13 **impegnato, -a** qualcuno che ha molte cose da fare – 16 **un capannone** grande struttura usata per le feste

Luis è di nuovo a casa con la sua famiglia ospitante. La sera corre a chiamare la mamma.

"Mamma, è stato impressionante. Gli svizzeri sono divertentissimi. E la mia famiglia è proprio simpatica. Cristina, la mamma di Alex, è sempre sorridente e fa tante battute. Ma mi sto divertendo davvero tanto. Dobbiamo venirci insieme il prossimo anno. Ci sono stati concorsi di maschere, tornei di tiro alla fune e anche teatro di strada. Spettacolare. Per non parlare della Guggenmusik. Non me l'aspettavo mamma."

"Che cosa ti aspettavi?"

"Una banda come quella che suona da noi alle feste."

"E non è simile?"

"No, è una banda magica! Hanno fatto tantissime coreografie e avevano dei vestiti strambi! Siamo stati in un capannone dove si mangiava e si ballava, c'era tantissima gente!"

"Ti sei divertito tanto?"

"Tantissimo!"

"Hai mangiato qualche dolce tipico?"

"Sì, Cristina ha preparato i ravioli dolci di Carnevale e i tortelli di San Giuseppe."

"E cosa sono?"

"I ravioli sono come dei biscotti, ma morbidi e sono ripieni di cioccolato e ricotta. Buonissimi mamma! E i tortelli sono rotondi, ricoperti di zucchero e con crema, cioccolato o limone. Ma al limone non mi sono piaciuti tanto."

"Bene! Adesso però è ora di dormire e da domani devi studiare un po'."

"Sì, mamma, promesso! Ho iniziato già a scrivere la mia relazione per questi giorni. Per preparare il lavoro finale. La vuoi sentire?"

---

7 **il tiro alla fune** un gioco per adulti e bambini dove si usa una grande corda che si tira da due lati – 14 **strambo, -a** strano, stravagante, non convenzionale

"Certo!"

"Ho scritto solo l'introduzione:

Mia mamma mi ha insegnato che ogni viaggio ti rende un po' più ricco. Non si tratta di soldi, ma di esperienze che ti rendono una persona migliore..."

"Hai scritto due volte il verbo rendere! Vogliamo cambiare un po' la frase? Che ne pensi di:

Mia mamma mi ha insegnato che ogni viaggio è un'esperienza unica, che ti arricchisce e ti fa crescere. Conoscere persone nuove, vedere nuovi paesi e confrontarsi con nuove culture è il regalo più bello che possiamo ricevere. Viaggiare cambia la vita."

"Ti piace?"

"Mamma, è bellissima, grazie!"

"Vai a dormire Luis e, mi raccomando, ci sentiamo domani."

"Buona notte mamma e grazie."

"Ti voglio bene."

---

14 **mi raccomando** bitte, vergiss es nicht!

3 Caccia alle uova in Toscana

Andrea sta sudando. Non ha mai avuto paura degli aerei, ma questa volta è diverso. Il suo cuore batte così forte che il signore seduto vicino a lei in aereo può sentirlo. Andrea ne è certa.

Mille pensieri le attraversano la mente in questo momento.

"Ho fatto bene a partire?"

"Sono pronta per quest'esperienza?"

"È una grande responsabilità. Il mio livello d'italiano è sufficiente?"

Tutto è iniziato circa tre mesi fa, a dicembre, quando ha incontrato Sofia al corso di italiano. Sofia le ha raccontato la sua esperienza come ragazza au pair presso una famiglia italiana e Andrea ha pensato, "perché no? Sembra divertente. Posso farlo anch'io".

Ora non sembra più così divertente.

Sofia le ha spiegato tutti i dettagli, come compilare il modulo, chi contattare: tutto quello di cui aveva bisogno. È stato tutto molto, troppo facile e veloce. Andrea non ha avuto molto tempo per riflettere bene.

Ora non c'è più tempo per farlo.

L'aereo inizia a muoversi. Tutto vibra. Si parte e non si può tornare indietro.

Andrea ha trovato la famiglia perfetta. L'annuncio della famiglia Salino, composta da mamma pediatra, papà farmacista e due bambini, aveva subito richiamato l'attenzione di Andrea:

---

1 **sudare** eliminare acqua dal corpo quando fa molto caldo – 4 **attraversare la mente** durch den Kopf gehen – 15 **modulo** formulario da riempire con dei dati – 21 **tornare indietro** *fig* cambiare idea

Ciao! Siamo la famiglia Salino e viviamo a Montescudaio da tutta la vita. Io mi chiamo Chiara e mio marito si chiama Matteo. I nostri figli sono Anna e Giovanni di 6 e 8 anni. Spesso c'è anche la nonna Pia con noi ma, per non spaventarti, per ora non parliamo di lei! Non siamo la tipica famiglia della pubblicità: non siamo perfetti, non siamo ordinati, non offriamo pace e tranquillità (non ci piace dire bugie), ma siamo una famiglia unita. Da noi trovi amore e caos. Ma soprattutto amore! Io e Matteo ci suddividiamo i lavori di casa: Matteo pulisce sempre la casa e la cucina e fa il bucato. Io cucino o meglio ci provo. Non sono la cuoca italiana che tutti possono immaginare! (Come ho detto sopra, non ci piace dire bugie.) Con i bambini siamo sempre presenti quando non dobbiamo lavorare. Anna e Giovanni sono due bambini molto dolci e disordinati. Amano la musica, ballano e corrono per tutta la casa. Abbiamo bisogno di qualcuno che ci aiuti con loro e con la casa. Offriamo una stanza comoda e luminosa. Il vitto e l'alloggio sono compresi e in più un piccolo stipendio. Sei interessato-/a? Contattaci e ti racconteremo ancora tante cose di noi.

P.S. ci piacerebbe riceverti a casa nostra la settimana prima di Pasqua. Sarebbe importante per noi passare un po' di tempo insieme durante queste brevi vacanze per conoscerci e per accoglierti al meglio nella nostra famiglia.

Chiara sembrava autoironica e sincera e questa per Andrea era la famiglia perfetta.

Andrea è appena scesa dall'aereo e chiama subito la mamma. Non vuole farle sentire la sua paura e per questo motivo cerca di

4 **spaventare qu** fare paura a qu – 6 **una bugia** ≠ verità – 7 **suddividere** (auf)teilen – 8 **pulire** *qui:* lavare e ordinare – 8 **fare il bucato** lavare i vestiti – 17 **uno stipendio** Gehalt – 23 **sincero, -a** *qui:* che dice la verità

parlare velocemente e con un tono deciso. La mamma di Andrea è orgogliosa di sua figlia.

"Mamma sono arrivata." dice Andrea in italiano.

"Mammaaa, sono arrivata all'aeroporto di Pisa." grida Andrea ancora una volta.

"Andrea! Bist du es? Sprichst du Italienisch?"

"Ja, Mama, so gewöhne ich mich schon mal daran."

"Ach so, jetzt verstehe ich."

"Mama, wenn es mir nicht gefällt, nehme ich den nächsten Flieger und komme zurück."

"Es wird schon gut gehen, mein Schatz! Du fehlst mir jetzt schon, aber es wird eine tolle Erfahrung für dich!"

"Ich weiß. Das war ein Scherz. *Ciao mamma. A dopo!*"

"Ciao, Mausi."

Andrea è all'aeroporto completamente spaesata, ma ci sono tanti bar, è in anticipo di mezz'ora e quindi ha tutto il tempo per una bella tazza di caffè. Quello che ci vuole per ricaricarsi un po'.

"Un caffè, per favore." dice Andrea in un italiano perfetto.

"Da bere qui o portare via?"

"Lo bevo qui, grazie."

"Ecco a Lei."

"Ah no, no, volevo un caffè, non volevo un espresso. Un caffè americano!"

"Ah, non sei italiana! Parli molto bene, però."

Andrea è così felice del complimento ricevuto che decide di bere il caffè espresso. È molto forte, ma delizioso. Andrea si sente già italiana.

Dopo il caffè esce dall'aeroporto e cerca un taxi. La ricerca è una missione difficile. In pochi rispettano la fila e Andrea ha già perso tre taxi. Ma ha deciso di provare ancora.

---

15 **spaesato, -a** disorientato – 17 **ricaricarsi** riposare, recuperare energia

"Il prossimo è mio. E provate a rubarmelo, se avete il coraggio." pensa Andrea con decisione.

Finalmente un taxi. Ecco, Andrea si sente ancora un po' più italiana. Si sente anche un po' elettrica.

Deve anche andare in bagno. Ma non c'è tempo. È il caffè o il nervoso?

"Buongiorno! Montescudaio, per favore, in via Giusti, grazie."

"Buongiorno! Può mettersi comoda, sono circa 45 minuti! E cosa va a fare in quel bel paesino? È qui in vacanza?"

"Che socievole questo taxista." pensa Andrea.

"Sono la nuova ragazza au pair di una famiglia del posto."

"Oh, davvero? Ma che bello anche una cugina di mia cognata l'ha fatta. Un'esperienza meravigliosa. È partita per l'Inghilterra un anno fa..."

Il taxista parla e parla e parla. Andrea non ascolta, è persa nei suoi pensieri e nel meraviglioso panorama che osserva dal finestrino. Quanta natura, quanti colori!

1 **rubare qc** prendere qualcosa che non è nostro – 10 **socievole** che non ha problemi a parlare con persone che non conosce

"Signorina? Signorina? Siamo arrivati, sono 110 euro."

Andrea sapeva già che il taxi era caro, ma non voleva avventurarsi con un pullman. Addio 110 euro.

"Ecco a Lei. Grazie."

"Di nulla e se vuole può seguire i miei consigli, spero tutti utili."

"Quali consigli?" pensa Andrea confusa. "Sì, certo, grazie mille!"

La casa della famiglia Salino è enorme, con un giardino splendido e tante vetrate. Il sole illumina tutta la stanza. Che meraviglia!

"Quanto tempo posso restare a guardare la casa da fuori?" si domanda Andrea dubbiosa. "Ancora 5 minuti."

"Mamma, mamma, c'è una signorina alla porta." grida un bimbo da lontano.

"Mamma, mamma, vieni..." grida una bimba.

"Dev'essere Andrea, amore, apriamole la porta." risponde una signora.

"No, non aprite, no. Ancora due minuti." pensa Andrea.

"Andrea, benvenuta, piacere. Io sono Chiara. Guarda qui c'è il campanello. Ora ti diamo delle chiavi, ma la prossima volta puoi suonare e non devi aspettare!"

"Sì, grazie." risponde Andrea timidamente. "È un piacere conoscerLa."

"Dammi pure del tu! Devi essere stanca dopo questo lungo viaggio."

"Ti chiami Andrea come il mio compagno di classe a scuola." afferma Anna ridendo.

"In Germania è un nome da ragazza." risponde Andrea con un sorriso.

---

3 **un pullman** un autobus che percorre distanze più lunghe – 9 **splendido, -a** bellissimo – 9 **una vetrata** grande finestra – 20 **un campanello** Klingel – 21 **suonare** *qui:* utilizzare il campanello

"Vieni, entra, vuoi un caffè?"

"No, grazie ho già bevuto un caffè."

"Non ne vuoi ancora uno?"

"No, no grazie sono a posto per almeno due mesi!"

"Che simpatica! Vieni ti faccio vedere la tua stanza e Matteo ha preparato una torta con i bimbi. Così conosci tutti."

"Questa è la tua stanza, Andrea."

"È più grande del mio salone." pensa Andrea molto sorpresa.

"E questo il tuo bagno."

"Mio? Solo mio?"

"Sì, tutto per te!"

"Questa casa mi piace molto."

"Mi fa piacere, lascia qui le tue cose. Noi ti aspettiamo in salotto così ci conosciamo meglio."

Sono passati quattro giorni e Andrea ama la famiglia Salino e il paese. Manca poco a Pasqua.

Andrea si è già ambientata: fa la spesa nel supermercato che si trova a quindici minuti da casa. Ha conosciuto anche il fornaio. Il suo pane è buono, non come quello in Germania, ma buono! La gelataia è sposata con un simpatico signore che viene da Zurigo. Il proprietario del bar in piazza le offre sempre un caffè, Andrea non accetta mai, ma ha provato il cappuccino. La babysitter della famiglia Rossi, che vive a pochi metri dalla casa della famiglia Salino, è simpaticissima e le ha detto già quali sono i parchi migliori per andare con i bambini. Solo quattro giorni e Andrea si sente già parte di una comunità.

Andrea vuole aiutare la famiglia Salino nei preparativi per Pasqua. Così si informa un po' sulle tradizioni.

---

20 **un gelataio** la persona che vende il gelato in gelateria

"Quali sono le vostre usanze a Pasqua?" chiede a Chiara.

"Niente di speciale. Ma i bambini sono molto felici di ricevere le uova di Pasqua."

"E le colorano?" chiede Andrea curiosa. "Possiamo farlo insieme."

"No, di solito le mangiano!" risponde Chiara divertita.

"Sì, ovvio, ma prima non le colorano?"

"È difficile colorare il cioccolato!"

"Sono uova di cioccolato? No, le nostre sono le uova della gallina. Uova vere, dure, bollite."

"Intendi sode?"

"Sì."

"Ahh no. Da noi ai bambini e anche agli adulti si regalano uova di cioccolato grandi, grandi e dentro c'è sempre una sorpresina."

"Che bello! Io grandi non le ho ancora viste, solo uova di cioccolato piccole e poi, ovviamente, le uova sode."

"Anche in Italia c'è la tradizione delle uova sode e alcuni bambini le colorano, ma Anna e Giovanni preferiscono quelle di cioccolato." continua Chiara. "Lo sai che l'uovo è il simbolo della rinascita e anche di un nuovo inizio?"

" Sì, anche in Germania è così."

"Ho letto che l'uovo di cioccolato è stato inventato a metà dell'Ottocento dai maestri della cioccolata di Francia!"

"Non lo sapevo! Da mangiare, che cosa preparate?" domanda ancora Andrea.

---

11 **bollire** kochen, sieden – 17 **una sorpresina** una piccola sorpresa (Überraschung) – 19 **ovviamente** naturalmente, evidentemente

"A parte i tipici aperitivi con salumi e formaggi, prepariamo anche i crostini di fegatini e poi la minestra di gallina e le fettuccine con il sugo. Per secondo mangiamo l'agnello e poi, se nonna Pia ha voglia di preparare un dolce, mangiamo la schiacciata di Pasqua altrimenti, compriamo una colomba."

"Una colomba?" domanda Andrea confusa.

"Sì, con la panna oppure con il cioccolato, o anche vuota… noi di solito la preferiamo senza nulla dentro, c'è già tanto zucchero sopra."

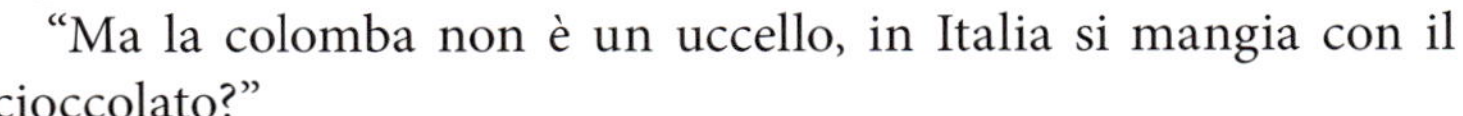

"Ma la colomba non è un uccello, in Italia si mangia con il cioccolato?"

"No, Andrea, è un dolce tipico che ha la forma di una colomba!"

"È davvero interessante! Anche in Germania c'è un dolce a Pasqua che ha il nome di un animale, l'*Osterlamm*. *Ostern* vuol dire Pasqua e *Lamm* agnello. L'anno prossimo potete venire a trovarmi ad Amburgo e posso preparare l'*Osterlamm* per voi!"

"Sarebbe perfetto!"

La mattina di Pasqua Andrea si sveglia prestissimo. Vuole fare una sorpresa alla famiglia Salino.

La sera prima ha fatto bollire delle uova e le ha messe in alcuni cestini insieme a qualche cioccolatino. Ora è il momento di nasconderle in giardino.

"Chiara, Chiara, puoi venire, per favore?" chiama Matteo sorpreso.

"Che cosa succede Matteo?"

"Chiara, che cosa sta facendo Andrea al nostro giardino?" chiede Matteo.

"Non lo so. Sta cercando un tesoro nascosto?" risponde Chiara divertita. "O ne sta sotterrando uno!"

---

2 **un fegatino** Leber – 5 **altrimenti** ansonsten – 5 **una colomba** Taube – 21 **un cestino** Körbchen – 29 **sotterrare qc** mettere qualcosa sotto terra

"Se è un tesoro sono contento!"

"Nel dubbio esci fuori e chiedile cosa fa."

"Mi sembra un'idea sensata." risponde Matteo con decisione.

"Andrea ,non vorrei disturbarti, ma posso sapere cosa stai facendo?" chiede Matteo gentilmente.

"Buongiorno, Matteo! Spero di non avervi svegliato. È una sorpresa per i bambini. È una tradizione tedesca! Nascondiamo delle uova in giardino e poi i bambini devono cercarle.

La leggenda dice che il coniglietto di Pasqua, che si chiama *Osterhase,* nasconde le uova." racconta Andrea.

"Che simpatico il coniglietto. Grazie, Andrea, che bella sopresa."

"Sono contenta di fare qualcosa per i bambini." continua Andrea divertita.

"Chiara, poi sistemi tu il giardino." dice Matteo a sua moglie sospirando.

"Dai, Matteo, è un'idea molto carina per i bambini." ridacchia Chiara.

"Sì, hai ragione."

Il pranzo di Pasqua è stato, come previsto, lungo e abbondante.

Dopo pranzo Giovanni e Anna si sono divertiti tantissimo a cercare le uova in giardino e ad aprire le tantissime uova di cioccolato che hanno ricevuto da nonna Pia. Anche Andrea ha ricevuto un uovo gigante. Il pranzo è durato più di 4 ore e tra i giochi, le uova e le risate il tempo è passato velocemente.

"Sono pienissima." dice Andrea.

"Sai come si dice in italiano?" chiede Chiara. "C'è un modo di dire adatto a questa giornata!"

"Come si dice?" chiede Andrea curiosa!

"Sono piena come un uovo!"

---

3 **sensato, -a** giusto, corretto – 16 **ridacchiare** ridere con un tono basso e in modo ironico – 19 **abbondante** ricco, grande

“Sì, sono piena come il grandissimo uovo di Anna e Giovanni, il più grande e il più pesante. Quello con il gioco dentro!” dichiara Andrea divertita.

“Andrea, adesso ti recitiamo la filastrocca di Pasqua con nonna Pia. L’abbiamo imparata a scuola.” annunciano in coro i bambini.

Nei miei sogni ho immaginato
un grande uovo colorato.
Per chi era? Per la gente
dall’Oriente all’Occidente:
pieno, pieno di sorprese
destinate a ogni paese.
C’era dentro la saggezza
e poi tanta tenerezza,
l’altruismo, la bontà,
gioia in grande quantità.
Tanta pace, tanto amore
da riempire ogni cuore.

“Ti piace, Andrea?”

“È bellissima, Anna. Siete stati davvero bravi.” risponde Andrea.

“Dobbiamo andare a letto presto.” dice Chiara un po’ assonnata e appesantita dal pranzo e dal vino.

“Domani si parte per Bibbona. Date la buonanotte alla nonna.”

“Ah si, è vero. Festeggiamo anche Pasquetta! Mi sono informata un po’.” dice Andrea orgogliosa.

---

12 **la saggezza** buonsenso, giudizio – 13 **la tenerezza** dolcezza – 14 **l’altruismo** amore verso le altre persone, un amore che ci fa anche aiutare le altre persone quando ne hanno bisogno, senza ricevere niente in cambio – 20 **assonnato, -a** stanco – 21 **appesantito, -a** sensazione di pesantezza, per esempio, dopo aver mangiato troppo – 23 **la Pasquetta** il lunedì dopo la domenica di Pasqua

"Eh sì, Andrea, Pasquetta è anche più divertente di Pasqua per noi." risponde Chiara sbadigliando.

"Lo so! Matteo mi ha detto che andiamo a Bibbona. Ho letto che c'è una sagra e anche un mercatino artigianale e poi ci sono tanti banchi per le degustazioni dei prodotti tipici!"

"Ma sei informatissima!" dice Chiara divertita. "Sei mai stata a una sagra in Italia?"

"No, è la prima volta, sono molto curiosa. So che è una festa tipica dove le persone si divertono molto, mangiano e ballano."

"Sì, continua Chiara, noi andiamo a Bibbona perché è qui vicino e perché una parte della famiglia di Matteo vive lì, ma ci sono tantissime sagre e feste in Toscana."

A Bibbona c'è la festa del Cedro. Ne hai sentito parlare?" chiede Matteo."

"No, è la prima volta che la sento. Che cos'è la festa del Cedro?" domanda Andrea curiosa.

"Matteo conosce tutte le storie, Andrea! Aspettava proprio la tua domanda per raccontare ancora una volta questa storia!" dice Chiara sorridendo.

"Sì, anche noi la conosciamo." confermano in coro i bambini.

"Chiara, lo sai che mi piace raccontare questa storia, non rovinare tutto con la tua ironia!"

"Allora iniziamo da tanti tanti anni fa... Il giorno di Pasquetta il cedro veniva offerto dalle giovani coppie innamorate al Vescovo-Conte." comincia Matteo orgoglioso.

"Che cos'è un cedro?" domanda Andrea confusa.

"Il cedro è un frutto. Assomiglia al limone."

"E perché si regalava un cedro." chiede Andrea curiosa.

---

2 **sbadigliare** gähnen – 4 **una sagra** festa popolare con musica e cibo dove si possono trovare i prodotti tipici di un paese – 25 **orgoglioso, -a** stolz

"Ottima domanda." risponde Matteo. "Le coppiette della città regalavano il cedro al Vescovo come atto propiziatorio al fidanzamento."

"E quanto dura la festa?" domanda Andrea.

"Tutto il giorno di Paquetta, la Festa del Cedro finisce la sera con il Palio delle Botti."

"Le botti? Botte? Combattono?" chiede Andrea.

"No, le botti sono grandi contenitori di vino." spiega Matteo "Non le hai mai viste?"

"Ah sì, sono di legno? Credo di averle viste nella casa del vicino!" risponde Andrea contenta.

"Sì, brava, Michele ha tante botti!" dice Chiara.

"E beve tanto vino dalle botti." ridacchia Giovanni.

"Fatemi finire la storia." reclama Matteo.

"Sì, scusa, scusa!" dice Chiara ironica.

"Allora, Andrea, domani puoi assistere a un'agguerrita gara tra i cinque rioni di Bibbona." continua Matteo sempre più orgoglioso della sua cultura.

"Non voglio interrompere," si scusa Andrea, "ma quante parole difficili! Che cos'è un rione?"

"Hai ragione, Andrea! Parli così bene italiano che a volte dimentico che non sei italiana!"

"Il rione è un quartiere, i rappresentanti di tutti i rioni principali della città devono spingere delle botti grandi e pesanti."

"Fino a dove?" chiede Andrea.

"Devono salire su per le strette vie di Bibbona e devono arrivare fino a Piazza Vittoria. Domani le vedrai, sono strade in salita e poi in discesa e sono strette. Il primo che arriva riceve un premio.

---

2 **propiziatorio** günstig stimmend – 7 **combattere** lottare contro qualcuno – 16 **agguerrito, -a** battagliero, pronto ad affrontare una competizione – 19 **interrompere** fermare un discorso con una domanda o un altro discorso

Pensa che le botti possono pesare fino ad ottanta chilogrammi, non è facile!"

"Quale premio ricevono i vincitori?" chiede Andrea stupita.

"Un bellissimo trofeo!" dice Matteo.

"Tutta questa fatica per un trofeo?" chiede Andrea delusa.

"È quello che penso anch'io!" afferma Chiara.

"È un trofeo importante! Così tutti sanno qual è il quartiere migliore della città. Io un anno ho partecipato, i miei nonni sono di Bibbona e..."

"Matteo andiamo a dormire. La prossima volta racconti la tua storia." lo interrompe Chiara stanchissima.

"È una storia breve, ho partecipato e ho vinto!" conclude Matteo orgoglioso.

"Sì, papà ha vinto, papà è il migliore!" dicono i bambini in coro.

"Ecco, ora sei contento! Ciao nonna Pia, a domani. Tutti a lavare i denti e a nanna!" Ordina Chiara.

"A domani amori miei." risponde assonnata nonna Pia.

Il giorno dopo tutta la famiglia si sveglia presto per la gita fuori porta. Tutto è esattamente come Andrea ha immaginato. Gente, musica, risate e ancora vino! Che esperienza meravigliosa. I bambini ballano in piazza. Tutti hanno qualcosa da mangiare. Ci sono i mercatini con tantissime cose che Andrea vorrebbe comprare. Matteo aspetta solo di vedere il torneo. E Chiara rincorre i bambini. La giornata passa velocemente, ma Andrea si ripromette di visitare altre sagre.

---

5 **deluso, -a** enttäuscht – 16 **andare a nanna** *fam* andare a dormire – 18 **una gita fuori porta** andare in un posto nella periferia (spesso campagna) della propria città

Il martedì i bambini sono già a scuola. Chiara e Matteo sono a lavoro. La casa è tutta per Andrea. È poco più di una settimana che Andrea è in Italia e ha già conosciuto tante persone, i bambini la adorano. La famiglia Salino è come la immaginava: meravigliosa. Andrea è felice e il sole la riscalda in questo giorno di aprile. Grazie Sofia! Grazie per questa incredibile opportunità. Grazie mamma per avermi incoraggiato.

Andrea è sicura che questi saranno i sei mesi più belli della sua vita. Fino alla prossima avventura.

4 Un Ferragosto indimenticabile

Leo ama l'Austria, ama Vienna, la sua città natale, ama le montagne ama una ragazza austriaca. A quindici anni si può parlare d'amore? Forse no, ma Leo si sente morire senza Carolin.

Oggi Leo ha deciso di mettere in ordine e pulire un po' la casa, ha finito i compiti e ha tempo. La mamma Susanne, è da un'amica e poi va a fare la spesa e Martin, il papà, è a lavoro. Leo vuole fare una piccola sorpresa alla famiglia. Martin e Leo litigano spesso ultimamente. Susanne è un po' stanca e Leo pensa che trovare tutto ordinato la farà felice. Inizia a pulire la scrivania del papà e a ordinare i fogli accumulati vicino al computer.

„Wie chaotisch er ist!" pensa Leo tra sé e sé.

Uno dei fogli è scritto in italiano.

Leo ama Vienna, ma al secondo posto nel suo cuore c'è l'Italia: adora la pasta e il calcio. Da qualche anno sta imparando l'italiano a scuola. Ha molti amici che sono italiani e vivono a Vienna. È stato spesso in Italia in vacanza con i suoi genitori.

Leo è curioso e legge la lettera:

Egregio Signor Eggertsberger,
la Sua proposta è davvero interessante [...]. Siamo lieti di invitarLa all'Università degli Studi di Teramo per un progetto della durata di un anno. La nostra università offre molte convenzioni per questo tipo di progetti. Inoltre, l'aiuteremo volentieri nella ricerca di una casa per Lei e la Sua famiglia. Naturalmente, come da Lei richiesto, siamo già in contatto con il Liceo scientifico di Teramo. La scuola attende i documenti del livello linguistico di Suo figlio,

10 **accumulare** anhäufen – 11 **pensare tra sé e sé** dialogo interno alla propria mente, parlare con sé stessi – 19 **una proposta** Vorschlag – 19 **lieto, -a** felice

Leo Eggertsberger, e poi avvierà le pratiche per garantirgli un posto per il prossimo anno scolastico. [...]

In attesa di una Sua risposta, Le porgo distinti saluti,
il Rettore,
[...]

"*Was?*" grida Leo in preda al panico.

Ha capito bene? Suo padre ha deciso di passare un anno in Italia e non l'ha consultato? Leo è un adulto. Ma se il padre non pensa la stessa cosa, allora Leo si comporterà come un bambino.

"*Ich werde nicht nach Italien ziehen. Damit das klar ist!*"

"*In einem Monat fahren wir nach Italien. Die Entscheidung ist getroffen.*" annuncia Martin convinto. Ormai da settimane non fa altro che discutere con Leo, ma Leo dovrà accettare la sua decisione. È già tutto organizzato, Martin ha pensato a ogni cosa. Susanne potrà continuare a lavorare online, è una consulente di banca e non ha problemi a viaggiare. Leo ha avuto un posto a scuola, il suo livello d'italiano è davvero buono. Martin ha trovato anche un appartamento molto carino a Teramo con un bel giardino e a giugno, quando Leo finirà la scuola, si trasferiranno tutti in un paesino sul mare, Tortoreto, a soli 30 minuti da Teramo.

Da una *mini*-città a un *mini*-paese. Leo è disperato. Un anno senza Carolin, Leo non può neanche immaginarlo.

Martin è uno scrittore abbastanza famoso in Austria. Da anni si occupa di traduzioni e racconti e paragona spesso piccole realtà austriache con piccole realtà italiane.

---

1 **avviare qc** mettere in via, cominciare qc – 3 **porgere** *qui:* dare il saluto, salutare – 7 **in preda al panico** spaventato – 12 **ormai** *qui:* già – 15 **un/a consulente** Berater/-in – 24 **paragonare** vergleichen

"Papa, warum kannst du nicht allein gehen? Du reist immer allein."

"Leo, te l'ho detto, da questa settimana parliamo un po' italiano. Dobbiamo abituarci e comunque questa volta no, Leo. Questa volta la permanenza è più lunga. La mamma può lavorare all'estero, le hanno fatto anche un'assicurazione speciale. E possiamo offrirti l'occasione di studiare in una scuola straniera con noi vicino."

"Meine Meinung zählt nicht? Ich will nicht weg. Carolin ist hier in Wien und meine Freunde auch. Um Italienisch zu lernen, kann ich auch einen Austausch machen oder einen Sprachkurs in Italien..."

"Leo, ormai è tutto deciso. Non fare il bambino."

"È una bella esperienza anche per te." dice Susanne.

"Papà, perché andiamo in Abruzzo? Non possiamo andare a Milano o a Roma? Ho chiesto ai miei amici italiani e neanche loro conoscono l'Abruzzo. E poi è lontano."

"Leo, l'Abruzzo è alla stessa altezza del Lazio e poi sai che sto facendo una ricerca sui prodotti artigianali abruzzesi e sto facendo delle traduzioni per l'Università di Teramo e hanno accettato un progetto molto importante per me. Ho bisogno di tranquillità e devo essere lì per fare le mie ricerche."

"Io non vengo! *Ich komme nicht mit.* IO NON VENGO!"

"Leo, vai in camera e inizia a organizzare le tue cose, manca meno di un mese." ordina Martin.

Leo ha deciso un piano di fuga perfetto. Ha iniziato a preparare le valigie, ma non per andare in Italia. Per fuggire con Carolin. La chiama e le racconta il suo piano di fuga. Ma non si aspetta la sua risposta.

---

4 **abituarsi** ripetere un'azione in modo regolare – 25 **fuga** Flucht – 26 **fuggire** andare velocemente in luogo sicuro per evitare un pericolo, scappare (→ fuga)

"Leo... ich bin mir nicht sicher, ob ich dich noch liebe."

"Carolin..."

"Ich wusste nicht, wie ich es dir sagen sollte, aber jetzt gehst du und es scheint der richtige Zeitpunkt zu sein."

"Carolin... was redest du da? Das kannst du mir nicht antun."

"Leo, ich habe lange darüber nachgedacht."

"Lange? Wann? Wie?"

"Es tut mir leid... Gute Reise und eine schöne Zeit in Italien!"

Leo disperato corre verso la porta d'ingresso.

"Papà, sono pronto, la valigia è pronta. Andiamo in Italia, ora! Andiamo nella città che nessuno conosce, andiamo via ora. Vienna non è più la mia città, la vita fa schifo."

"Leo, partiamo tra tre settimane!"

"Perché mi rovini la vita?"

"Perché sei così drammatico?"

Leo e la sua famiglia sono arrivati in Italia.

Teramo è una piccola città immersa nella natura. A pochi chilometri ci sono le montagne ma anche il mare. Leo vuole iniziare una nuova vita, ma fa fatica a fare amicizia. È ancora triste e i giorni passano tra i libri, qualche partita a calcetto e delle magnifiche escursioni che però non gli sollevano l'umore. La natura è impressionante. Per un quindicenne questa non è la felicità, ma aiuta. Leo ha visitato Roma. Ci sono volute ben due ore e mezza di pullman però ne è valsa la pena. Leo ha sciato sul Gran Sasso con la sua famiglia. Il Gran Sasso è la montagna più

---

9 **disperato, -a** infelice, senza speranza – 12 **fare schifo** *fam* provocare orrore, disgusto – 14 **rovinare** distruggere, rompere qualcosa – 17 **immerso, -a in qc** mitten in etw – 19 **fare fatica** stancarsi – 21 **sollevare** alzare, migliorare

alta dell'Appennino e dalla sua vetta si possono vedere sia il Mar Tirreno che l'Adriatico. Con la macchina ci vogliono solo una quarantina di minuti da Teramo.

Leo è stato in gita scolastica ed è entrato nelle grotte carsiche di Stiffe. Ha visto la Sala del silenzio, la Sala della Cascata e la Sala della Concrezione. Una vista impressionante, laghi color pece, cascate rumorose e stalattiti di tutte le forme. Leo e la sua famiglia sono andati al Lago di Scanno, uno splendido lago con la forma simile a un cuore che però gli ha ricordato il suo cuore spezzato.

Ha mangiato il pesce sui trabocchi, delle costruzioni in legno simili a palafitte, che un tempo erano usate per la pesca e ora sono dei tipici ristoranti.

---

2 **il Mar Tirreno** Tyrhennisches Meer (Teil des Mittelmeers, westlich von Italien) – 4 **una grotta** Höhle – 6 **pece** pechschwarz – 7 **una cascata** acqua di fiume o torrente che cade, per esempio, da una montagna – 7 **una stallattite** Tropfstein, Stalaktit – 9 **spezzato, -a** rotto – 11 **una palafitta** Pfahlbau

Lungo la Costa dei Trabocchi c'è anche la Riserva Naturale Regionale di Punta Aderci, uno dei tratti costieri più belli in Abruzzo, e la Riserva Naturale Regionale della Lecceta di Torino di Sangro, dove l'acqua è cristallina. A maggio è ancora fresco per fare il bagno, ma Leo si è tuffato lo stesso. Ha visto tante altre cose con la scuola o la famiglia. Il Parco Nazionale d'Abruzzo, i Monti della Laga e tanto altro.

"L'Abruzzo è stupendo." pensa Leo. "Dovrebbero conoscerlo tutti.

Il cibo gli regala momenti di gioia. In Abruzzo si mangia davvero bene. Leo ha preso cinque chili, per fortuna fa sport. Martin ha bisogno urgentemente di una dieta! Ma come si fa a rinunciare al pecorino, al caciocavallo abruzzese, alla ricotta o alla caciotta? Tutti formaggi molto saporiti. E come si fa a dire di no alla ventricina teramana, un salume buonissimo, o al timballo, un piatto simile alle lasagne ma ancora più gustoso, o agli arrosticini? Gli arrosticini sono la cosa che Leo preferisce: carne di pecora tagliata a tocchetti, infilata in spiedini e poi cucinata su un braciere dalla forma allungata chiamato canalina e in dialetto *furnacell*. DELIZIOSI!

Giugno arriva velocemente. Leo supera la scuola brillantemente e lui e la sua famiglia sono di nuovo con la valigia in mano. Pronti a trasferirsi a Tortoreto, un piccolo paese sul litorale abruzzese ma non ancora pronti per la prova costume! Martin, nonostante i chili di troppo si sente molto ispirato e non vede l'ora di andare al mare. Leo come sempre è meno entusiasta. Erano stati a Tortoreto a fine aprile per vedere la casa e non c'era quasi nessuno in giro.

---

2 **un tratto** pezzo, parte di una strada – 5 **tuffarsi in qc** in etw springen – 10 **regalare** *qui:* bescheren – 17 **una pecora** Schaf – 19 **una canalina** griglia speciale, lunga e rettangolare, usata per cucinare gli arrosticini – 24 **il litorale** Küste – 25 **la prova costume** si dice quando si vuole essere in forma fisica perfetta per la spiaggia

Leo mette le crocette sul suo calendario. Ogni giorno è un giorno in meno per tornare a Vienna. Non vede l'ora di rivedere i suoi amici e anche Carolin. Forse era pentita e in questo momento stava pensando a lui. In realtà Carolin ha già un altro ragazzo ed è molto felice, ma per fortuna Leo non lo sa ancora!

Il caldo a Tortoreto è pazzesco. Ed è solo giugno. Leo non sa più cosa togliersi, è in pantaloncini e canottiera e suda tantissimo. Suo padre e sua madre sono felici. Ogni giorno Martin prende la bici e va con Susanne a prendere un gelato. Poi passeggiano in riva al mare. E si innamorano di nuovo e si baciano continuamente. Leo odia questa cosa. Per animarlo, Martin lo porta a qualche concerto, al parco acquatico che si trova a pochi chilometri dal mare, a mangiare la pizza quasi ogni sera. Leo è ancora annoiato, ma in fondo apprezza l'impegno dei suoi genitori per vederlo felice e cerca di divertirsi un po' e godersi il sole. Martin e sua moglie adorano questo bel paesino. Vorrebbero vivere qui per sempre, ma non hanno il coraggio di dirlo a Leo!

Da metà luglio Martin non è più così felice. Quel paradiso terrestre quasi deserto inizia a riempirsi sempre di più. Ogni giorno arrivano gruppi di turisti a invadere le spiagge. Ogni giorno gli stabilimenti balneari si riempiono con nuove file di ombrelloni. Ha fatto male a prendere la casa al mare? Non si può concentrare più sul suo lavoro, che è in fase finale, ed è molto nervoso, ma ha la casa ancora per un mese e mezzo e non può abbandonare tutto.

"Papà, questo paesino inizia a piacermi!"

"Non avevo dubbi Leo. Più mi vedi infelice, più sei felice."

---

3 **pentito, -a** triste per aver fatto qualcosa che non si deve fare – 6 **pazzesco, -a** incredibile, molto forte – 7 **una canottiera** maglia leggera senza maniche e di cotone – 14 **apprezzare qc** ammirare, riconoscere il valore di qualcosa – 21 **uno stabilimento balneare** struttura turistica sulla spiaggia con cabine, ombrelloni etc. e un piccolo bar o ristorante

"Papà, non essere drammatico. Veniamo da una grande città, mi piace la gente, mi piace la musica, mi piace la vita."

"Leo, questo paese sembra una discoteca a cielo aperto. Non c'è modo di riposare o concentrarsi."

"Finalmente un po' di movimento!"

Martin esce ogni mattina alle sette per respirare l'aria di mare, ma il lungomare è pieno di gente che corre o fa sport. Ogni rotonda è attrezzata con fantastiche strutture per chi ama fare sport.

"Ma quanto sono sportivi questi italiani? Eppure qui si mangia continuamente." pensa Martin tra sé e sé.

Il lungomare è pieno di passeggini e mamme sorridenti che camminano avanti e indietro.

"Ma quanti bambini ci sono? Eppure i giornali dicono che in Italia nascono pochissimi bambini."

Il lungomare è pieno di gente che porta a spasso i cani.

"Ma alle sette di mattina i cani sono già svegli? Eppure..."

No, questo Martin lo sa già, gli italiani amano i cani. Martin rientra sconsolato a casa alle nove e Leo è ancora a letto. Susanne prepara ogni giorno una ricca colazione e poi Leo va al mare nello stabilimento balneare davanti casa.

Leo aveva cinque anni la prima volta che ha visto il mare. Sembrava un grande lago senza fine. La sabbia pizzicava sotto i piedi e il sole bruciava la pelle. Le onde alte colpivano le rocce con tutta la loro forza. Leo aspettava con ansia un'altra onda. La

---

7 **un lungomare** una strada lungo la riva del mare – 13 **un passeggino** mezzo utilizzato per trasportare i bambini – 20 **portare a spasso il cane** mit dem Hund Gassi gehen

spiaggia era piena di famiglie e bambini. L'acqua sapeva di sale e il cielo e il mare si univamo all'orizzonte come una cosa unica.

In questo paese ci sono poche spiagge libere così Martin ha affittato un ombrellone che a giugno si è goduto ogni giorno. Era solo soletto e il silenzio, l'odore del mare, il suo dolce rumore erano un'ispirazione per il suo lavoro. Ora quel posto pacifico è diventato ogni giorno più stretto. Non c'è un solo ombrellone libero e ogni giorno famiglie intere affollano le spiagge con musica, bambini, giochi, spettacoli sul mare e animatori. Senza dimenticare le urla continue del ragazzo che vende il cocco in spiaggia.

"Cocco bello, cocco fresco, cocco di mamma."

A Martin manca la pace degli ultimi mesi. Non ha ancora finito il suo lavoro, ma qui fa troppo caldo e c'è troppo rumore per continuare a scrivere. Leo invece si gode il rumore, il caos, il mare. Un giorno un ragazzo si avvicina timidamente.

"Ciao, mi chiamo Francesco, hai voglia di giocare con noi a calcetto?"

"Sì, adoro il calcio, grazie! Io sono Leo."

Ogni giorno Leo passa più tempo con Francesco e gli altri ragazzi del gruppo.

Leo finalmente ha degli amici. La mattina fa il bagno al mare, poi beve una coca-cola e chiacchiera sul lettino con Aurora. Aurora è la sorella di Francesco, è una ragazza di Tortoreto. È simpatica e, diciamo la verità, molto bella. Il pomeriggio c'è sempre la partita a calcetto, anche Aurora gioca ed è la migliore. Poi di nuovo coca-cola al bar tra risate e nuovi racconti. La sera si prende la bici e si va in un bar vicino al mare ad ascoltare un po' di musica.

---

4 **godersi** etw genießen – 22 **un lettino** *qui:* (Strand-)Liege – 26 **una risata** espressione di divertimento → ridere

"Papà, posso andare al Carnevale estivo?"

"E che cos'è?"

"È come il Carnevale normale. Ci sono i carri, i coriandoli e le maschere."

"Bene, quello che mancava, un Carnevale ad agosto! E tu da cosa vuoi vestirti?"

"Non ho molto tempo e ho pensato a una cosa originale. La posso fare con un cartone. E con i miei pantaloni e la mia maglietta color caramello."

"Da cosa vuoi vestirti?"

"Da miele."

"Da miele? Ma che travestimento è?"

"Sai papà… Aurora si veste da ape."

"Ah… Aurora."

"Mi presti il basco beige per fare il tappo del miele?"

"Non ho detto che puoi andare."

"Papà…"

"Va bene, ma per favore non bere alcolici!"

"Papà!!!"

La sera del Carnevale le strade sono piene di gente travestita che si diverte, ride e balla. Ci sono i carri e la musica e Aurora è davvero bella, l'ape più bella di tutte.

"Ti sei vestito da miele!" dice Aurora ridendo. "Leo ti va di fare una passeggiata sotto le stelle e vicino alla riva del mare? Vorrei allontanarmi un po' da questo rumore e da tutta questa gente."

---

1 **estivo, -a** → estate – 3 **un carro** (Karnevals-)Wagen – 3 **i coriandoli** piccoli pezzi di carta colorata, usati nelle feste e lanciati in aria – 12 **un travestimento** Verkleidung – 13 **un'ape** *f* Biene – 15 **un basco** capello dalla forma rotonda e piatta – 15 **un tappo** oggetto usato per chiudere un contenitore – 20 **travestito, -a** mascherato, per esempio per Carnevale

Leo ha il cuore in gola. Aurora prende la mano di Leo. Leo sente il suo cuore battere a mille, Aurora lo guarda fisso negli occhi.

"Andiamo." dice Aurora dolcemente.

Il rumore delle onde è forte, ma Leo sente solo il suo cuore e quello di Aurora.

"Posso baciarti?" domanda Leo con coraggio.

"Devi!" risponde Aurora emozionata.

Il bacio più romantico di tutta la sua vita.

"Leo, tra una settimana è Ferragosto, ti va di venire da noi a pranzo?" chiede Aurora mentre guardano le stelle. "Sei un amico di Francesco, per i miei sarebbe un piacere."

"Si, certo ma devo chiederlo alla mia famiglia. Che si fa a Ferragosto?"

"Si mangia, Leo! Il 14 si fa la gara di castelli di sabbia in spiaggia e la sera andiamo alla sagra di Torano."

"Che cos'è una sagra?"

"Leo, non sei mai stato a una sagra? È una bellissima festa di paese dove ci sono concerti, cibo e vino! Devi assolutamente venire. Il 15, la mattina di Ferragosto ci sono i gavettoni al mare, alle dodici si fa un piccolo aperitivo in spiaggia e poi siamo tutti a pranzo dalla mia famiglia."

"Cosa sono i gavettoni?"

"Prendiamo dei grandi secchi e ci tiriamo l'acqua! A volte la tiriamo ai passanti, ma non è una buona idea! Si arrabbiano molto e ora hanno tutti il cellulare."

"Per il pranzo devo vestirmi elegante?"

"Leo, ci sono 40 gradi e siamo al mare. Maglietta e pantaloncini come sempre. E poi dopo pranzo andiamo tutti in spiaggia a vedere le bancarelle sul lungomare e la processione delle barche."

---

1 **aver il cuore in gola** essere emozionato, avere paura – 14 **una gara** competizione, contesa – 14 **un castello di sabbia** Sandburg – 23 **un secchio** un contenitore – 29 **una bancarella** banco all'aperto con merce da vendere, per esempio a un mercato

"C'è una processione delle barche?"

" Sì! Ci sono tantissime imbarcazioni piene di fedeli! Tutte le barche sono decorate a festa e sulla prima barca c'è la statua della Madonna del Portosalvo, protettrice dei pescatori. È bellissimo vedere i pescatori che con cura e amore addobbano le loro barche con nastri e bandierine!"

"Non vedo l'ora di vedere tutto!"

Leo e Aurora si tengono la mano e passeggiano in riva al mare. Aurora continua a raccontare a Leo tutto il programma di Ferragosto. Leo la guarda affascinato.

Il giorno dopo Leo e Martin fanno colazione insieme. Susanne è al mercato del paese.

"Papà, posso..."

"Vuoi uscire con Aurora?"

"Sì, il 14 agosto c'è una sagra."

"Sì, lo so, la sagra di Torano, si mangia la salsiccia e il formaggio fritto. Poi ci sono anche delle specialità con il tartufo, veniamo anche noi."

"Papà, va bene il 14 possiamo andare insieme alla sagra, ma il 15 Aurora mi ha invitato a pranzo con la sua famiglia e c'è anche il fratello Francesco e poi..."

"C'è un *poi*?"

"Sai, Aurora mi ha detto che poi la sera c'è un concerto di Max Pezzali. Non lo conosco papà. Dicono che è molto famoso e canta delle canzoni romantiche e poi..."

"Ancora *poi*?"

2 **un' imbarcazione** *f* mezzo di trasporto su acqua – 2 **un/a fedele** *qui:* persona credente – 4 **un pescatore** Fischer – 6 **un nastro** Band – 17 **fritto** *participio passato di* **friggere** cuocere alimenti con olio bollente

"Poi ci sono i fuochi d'artificio in spiaggia a mezzanotte."

"Così tardi? Ne ho sentito parlare, devo portare tua mamma, sembra una tradizione molto romantica..."

"Papà, non essere sdolcinato! Comunque, sì, ci sono i fuochi d'artificio e poi..."

"Non scherzare Leo. I poi sono finiti..."

"Non scherzo, sono le tradizioni. Poi tutti i ragazzi fanno la nottata in spiaggia aspettando l'alba."

"La *notta* che? Leo non se ne parla. Puoi vedere i fuochi e all'una sei a casa... massimo l'una e mezza."

"Papà, per favore..."

"Leo no, non discutere!"

Leo non discute. Lui e il papà vanno finalmente d'accordo e non ha voglia di litigare.

È Ferragosto e Leo arriva a casa di Aurora e Francesco, le strade profumano di cibo fritto. Stanno friggendo anche le case?

"Sono Leo, piacere."

"Ciao Leo! Aurora e Francesco ci hanno parlato di te, ti abbiamo visto la domenica al mare. Entra pure, si mangia tra pochissimo." dice la mamma di Aurora.

Olive fritte, verdura fritta, risotto di mare, pesce fritto, pizza fritta. Leo stava per esplodere.

"Arriva il cocomero!" grida la zia di Aurora.

"Aurora anche il cocomero è fritto?" chiede Leo spaventato.

"No, ma cosa dici!"

"Sono così pieno che non riesco a pensare."

"Francesco, metti la canzone di Fedez. Abbiamo bisogno di atmosfera! È un giorno di festa." dice Aurora.

"Chi è Fedez?" chiede Leo curioso.

---

1 **un fuoco d'artificio** Feuerwerk – 4 **sdolcinato, -a** troppo dolce e pieno di complimenti – 23 **un cocomero** Wassermelone

"Ma come, Leo, non conosci il protagonista indiscusso dei tormentoni estivi?"

"Che cos'è un tormentone? Non sembra una bella cosa!"

"È un'espressione che si utilizza per parlare di una canzone che ha molto successo e che si sente in continuazione! Ascolta, questo è stato un tormentone estivo, è sempre di Fedez."

La vita senza amore dimmi tu che vita è
Oh, dove sei andata, oh mi sei mancata
Mi perdo dentro al taxi che mi porterà da te
La vita senza amore non mi farà mai bene...

"Sì, mi piace, credo." dice Leo confuso.

"Leo, è Ferragosto. Si mangia, si ascolta la musica, si balla. Ci si gode l'estate!" ride Francesco.

"Tutti gli italiani festeggiano al mare?"

"No, ci sono diverse tradizioni a Ferragosto in Italia. Noi festeggiamo al mare, ma molte persone vanno in montagna e fanno una bellissima grigliata tutto il giorno." risponde la mamma di Aurora.

"Anche in Austria il 15 agosto è un giorno di festa e sicuramente qualcuno farà una grigliata, ma da noi non è una novità, facciamo una grigliata ogni fine settimana quando fa caldo!"

"Ogni fine settimana... che noia! Leo questa sera facciamo la nottata insieme dopo i fuochi d'artificio?" chiede Aurora.

"No, Aurora, la problema è che mio padre non vuole. Ho avuto un'idea: esco prima dell'alba, quando tutti dormono ancora. Così possiamo vederla insieme e fare colazione."

"Certo, Leo, lo capisco. Ma si dice *il* problema!"

" Ah, è vero! È maschile!"

"Come dice sempre la nonna: gli uomini sono *il* problema e le donne *la* soluzione!"

La giornata di Ferragosto è stata meravigliosa, ma non si può paragonare all'alba sul mare.

Alle quattro Leo è uscito di casa e ha lasciato un bigliettino sul tavolo.

Papà non ho fatto la nottata fuori, ma devo uscire a vedere l'alba.
È un'esperienza unica, so che puoi capirlo.

In realtà Leo ha progettato di rientrare prima del risveglio dei genitori, ma per essere sicuro lascia comunque un biglietto. Leo è maturato. È sempre un po' ribelle, ma non come prima!

Leo prende la bici e corre in riva al mare. Abbraccia Aurora e si siede con lei a guardare lo spettacolo più bello di tutta la sua vita.

Ha dimenticato Carolin. Ha dimenticato Vienna. Vuole vivere a Tortoreto. Tra due settimane deve tornare a casa, lo sa. Aurora lo sa. Si fanno mille promesse. Si giurano amore eterno davanti a un'alba mozzafiato. Forse non sarà davvero un amore eterno ma Leo è felice e pensa solo a godersi questo momento.

---

2 **l'alba** *f* Sonnenaufgang – 8 **un risveglio** il momento in cui ci si sveglia – 10 **maturare** crescere, cambiare, diventare adulto – 17 **mozzare il fiato** togliere il respiro, per esempio quando si vede qualcosa di molto bello

5 Natale in famiglia

È già il 15 dicembre. Manca poco più di una settimana a Natale. Emma è un po' triste e apre una nuova casellina del suo calendario dell'Avvento. Il calendario che le ha inviato sua sorella per farle vivere un po' di spirito dell'Avvento anche in Italia. Da tre mesi Emma è a Napoli. Quando le hanno offerto la possibilità di fare uno stage da Kiton a Napoli non ci ha pensato due volte a fare le valigie. Lavora per il controllo della qualità e la sicurezza dei prodotti. Moda e Italia, che combinazione perfetta per una giovane studentessa!

Ma più si avvicina il Natale, più sente la nostalgia di casa.

Si può immaginare un Natale senza l'arrosto d'oca farcito di castagne, mele e cipolle della nonna Sabine? Senza i *Plätzchen* della

---

2 **una casellina** Kästchen – 10 **la nostalgia di casa** stato d'animo melanconico, mancanza della casa – 11 **l'arrosto** *m* **d'oca** Gänsebraten

zia Susanne? Senza i mercatini di Natale e il *Glühwein* con i suoi amici? Natale senza la sua famiglia e il tradizionale album di foto che suo padre realizza ogni anno e che guardano insieme sotto l'albero?

Emma sospira. Non può tornare a casa per le feste. La fashion week è andata molto bene ma adesso è ora di organizzare e visionare il programma del prossimo evento. Ha tanto lavoro e non vale la pena pagare un volo così costoso per passare solo tre giorni in Germania.

Mette in bocca il cioccolatino del calendario, un po' di dolcezza prima di dormire. Proprio mentre sta per mettersi a letto, squilla il cellulare.

Ciao Emma, scusa se ti scrivo così tardi. Hai già programmi per Natale? Mi ricordo che volevi restare in Italia. Se ti va, puoi venire a pranzo dalla mia famiglia! Ci farebbe tanto piacere.

"Anna, sei la mia salvezza", pensa Emma, "quando ci siamo conosciute al corso di yoga sapevo che avresti migliorato la mia permanenza."

Restare, questa è la decisione giusta.

Grazie mille per l'invito. Vengo molto volentieri.

Emma si mette a letto e finalmente si addormenta.

Il giorno dopo si sveglia di buon umore. Ma resta da chiarire ancora qualche dettaglio importante. Cosa regalare alla famiglia di Anna? Ci sono delle tradizioni che deve conoscere? È necessario un *dress code*? In Italia sono tutti così eleganti. Non resta che googlare tutto e fare una bella ricerca durante la pausa pranzo:

---

8 **non vale la pena** qualcosa che non è conveniente – 16 **la salvezza** soluzione, aiuto – 18 **la permanenza** vivere temporaneamente in un posto lontano da casa

Natale in Italia

Il Natale è una festa speciale in Italia, non è solo un momento per scambiarsi i regali o dedicarsi alla cucina. È un periodo dedicato alle tradizioni e alla cultura, è un periodo magico e carico di emozioni! Da Nord a Sud, le tradizioni natalizie sono differenti, ma quello che importa è passare un Natale in famiglia. Come dice un famoso detto: "Natale con i tuoi, Pasqua con chi vuoi!"

Quindi ci sono anche differenze tra il Nord e il Sud. Come in Germania. Non c'è tempo di leggere tutto!

L'albero di Natale in quasi tutte le regioni italiane si decora l'8 dicembre, che è il giorno dell'Immacolata Concezione. L'8 dicembre non si lavora e la famiglia è riunita per dedicarsi alle decorazioni, all'albero e al presepe. In alcune regioni italiane l'albero si fa anche prima!

"Perché nessuno mi ha detto che si prepara l'albero l'8 dicembre?" pensa Emma preoccupata. "Ho solo due giorni per organizzarmi!"

Il 24 dicembre, ovvero il giorno della Vigilia di Natale, nella maggior parte delle case del Sud la sera si prepara una grande cena, con piatti a base di pesce.

In alcune famiglie, a mezzanotte, si intonano dei tipici canti natalizi, altre famiglie vanno in chiesa.

Il 25 dicembre, c'è il tradizionale scambio dei regali e si prepara un pranzo molto importante, ricco di portate. La tavola è decorata, in tema con la festività.

---

11 **l'Immacolata Concezione** Unbefleckte Empfängnis – 13 **un presepe** decorazione natalizia che rappresenta la nascita di Gesù con figure – 23 **un regalo** Geschenk

Anna non ha specificato tra il 24 o il 25 dicembre. Meglio chiedere.

Ciao Anna, scusa se te lo chiedo, ma il tuo invito è per il 24 o il 25 dicembre?

Ciao Emma, figurati! Se vuoi puoi venire anche il 24. A pranzo mangiamo la pizza fritta e a cena una cosa piccola a base di 3, 4 portate di pesce...

"Piccola." pensa Emma.

...ma poi andiamo a messa, quindi l'invito ufficiale è per il 25! Così ci godiamo tutta la giornata insieme.

"Va bene il venticinque," decide Emma, "il ventiquattro guarderò l'album di mio padre in videochiamata."

Tutte le sue colleghe a lavoro non parlavano d'altro che di estetista, parrucchiere e cappottini nuovi. Erano tradizioni di Natale?

"Ragazze, scusate, andate tutte dall'estetista e dal parrucchiere questa settimana?" chiede Emma.

"Sì, approfittiamo delle vacanze per fare un bel restyling! Vuoi il numero di telefono del mio parrucchiere? Ma devi chiamare subito, sarà già pieno."

"Perché no, grazie!"

---

5 **figurati!** *loc* Non c'è problema!, Non ti preoccupare! – 10 **godersi qc** etw genießen – 14 **un'estetista** persona specializzata nella cosmetica – 14 **un parrucchiere** persona che taglia, lava e pettina i capelli come lavoro – 14 **un cappottino** cappotto (*Mantel*) elegante e non troppo pesante

Parrucchiere, riservato. Estetista anche. Che fatica trovare un posto! Cappottino nuovo? Non c'è bisogno del Natale per entrare in una bella boutique italiana e togliersi qualche capriccio!

Napoli in questo periodo è magica. Luci, alberi addobbati e decorazioni in ogni posto.

Manca poco a Natale ed è ora di comprare un vestito. Ma prima Emma vuole godersi il piacere di perdersi per le strade del centro, ascoltare la gente, la musica e viversi tutte queste nuove emozioni.

È ora di fare un giretto nella via dei presepi, San Gregorio Armeno. È un'antica strada romana che in questo periodo si riempie di turisti! In ogni angolo ci sono delle piccole botteghe artigianali, dei veri e propri gioielli. Ovunque ci sono statuette che riproducono i protagonisti del presepe napoletano. Ma Emma si chiede:

"Cosa ci fa Donald Trump tra queste statuette? E Michael Jackson? A quanto pare qui il presepe non lo fanno solo con i personaggi classici. Dovrei mettere Angela Merkel vicino alle pecorelle e il pastore?"

Non ha tempo per pensarci troppo, la missione vestito di Natale è ancora in corso.

È arrivata finalmente la mattina di Natale! La casa di Anna non è molto lontana, ma con le scarpe con i tacchi così alti è decisamente meglio prendere un taxi. La strada è deserta. Dov'è tutto il mondo? Non c'è neanche un taxi!

---

3 **togliersi un capriccio** prendersi una soddisfazione, realizzare un piccolo desiderio – 11 **una bottega** piccolo negozio artigianale e tradizionale – 12 **una statuetta** piccola statua – 18 **una pecorella** Lamm – 18 **un pastore** chi guida le pecore – 22 **un tacco** Absatz

Pensa proprio che dovrà camminare. "Emma non cadere che non hai tempo di cambiarti!" pensa. I tacchi le fanno troppo male. "Forza Emma ancora cinque minuti e poi ti puoi liberare di questi meravigliosi e carissimi strumenti di tortura." si convince Emma.

Il tempo di suonare il campanello e subito Anna le apre la porta con la sua voce squillante. "Ciao Emma, benvenuta!"

"Ciao, Anna, grazie! Lascio le scarpe fuori? Preferirei metterle dentro se non ti dispiace!"

"No, Emma, puoi tenerle, le teniamo tutti e poi le tue sono così belle."

Emma non vuole tenerle, ma finge un sorriso ed entra in casa. La casa di Anna è piena di persone sorridenti e felici.

"Anna hai una famiglia molto numerosa!"

---

4 **una tortura** sofferenza – 6 **squillante** forte e acuta

"A Natale è così: ci riuniamo tutti qui, la famiglia marchigiana e quella napoletana! Mettiti comoda, tra qualche minuto iniziamo con l'aperitivo."

"Mettiti comoda… non è così facile quando i tuoi piedi stanno gridando per essere liberati!" pensa Emma dolorante.

"Ti presento subito a tutta la famiglia!" dice Anna.

"Famiglia, questa è Emma, la ragazza tedesca di cui vi ho parlato! Parla benissimo italiano e ama Napoli come noi. Fatela sentire a casa! Mi raccomando, oggi si parla solo italiano, niente dialetto e servitele un buon caffè."

"Ciao, Emma, sono Marco. Cosa fai qui in Italia?"

"Da quanto tempo sei in Italia?"

"Quanto tempo resti?"

"Che ne pensi? Ti piace Napoli? Sicuramente ti piace Napoli. A chi non piace Napoli."

Emma è bombardata di domande.

"Emma, Emma, Emma." gridano dei bambini.

"Chi mi sta tirando la gonna?" si domanda Emma perplessa.

"Emma, Emma, Emma. Vieni a giocare con noi. Abbiamo una nuova bambola."

"Ah, che bella, sì arrivo…"

"Pluto, lascia stare le scarpe di Emma!" grida Anna.

"Pluto, queste scarpe costano un occhio della testa!" pensa Emma.

La nonna di Anna si sta dirigendo verso Emma con un enorme piatto pieno di piccole palline. "Emma, prova queste olivette fritte appena fatte."

---

1 **un marchigiano** persona che viene dalle Marche – 2 **mettersi comoda** es sich bequem machen – 5 **dolorante** che prova dolore – 18 **perplesso, -a** che ha un dubbio, una questione non risolta – 23 **costare un occhio della testa** essere particolarmente costoso – 26 **una pallina** piccola palla

"Grazie, sembrano deliziose. Vado a sedermi a tavola."

"No, figurati, è uno stuzzichino, resta pure a giocare con i bimbi."

"Ma c'è dentro anche la carne?" chiede Emma.

"Sì, olive e carne macinata, è una ricetta della zia marchigiana di Anna!" risponde la nonna.

Un sapore strano, ma buono. Due olive ed Emma è già piena!

La nonna continua a uscire dalla cucina con tre, quattro, cinque piatti diversi. "Gli affettati e i formaggi sono pronti, abbiamo anche la pizza fritta, il pane, i grissini e le olive."

"Emma, prova il formaggio caprino e un po' di vino." continua la nonna.

Ma lo zio di Anna non è d'accordo. "No, no, prima deve provare la treccia di Montella."

Neanche il padre di Anna è d'accordo. "Ma scherziamo? Si inizia con il provolone."

Ma la nonna ha la soluzione per tutto. "Emma provali tutti con un po' di pizza e un po' di vino."

"Sì, grazie preparo il piatto..."

"Sei ospite, ci penso io. Allora i formaggi, il salamino fresco, altre due olivette, un po' di prosciutto crudo..." elenca la nonna.

"Grazie, va benissimo così."

"Tesoro, ma non mangi quasi niente, un momento, manca la pizza fritta." continua la mamma di Anna.

"Grazie."

2 **uno stuzzichino** piccola quantità di cibo per stuzzicare l'appetito – 14 **una treccia** Zopf

È tutto così delizioso. Emma pensa di non aver mai mangiato tanto e così di gusto. Il provolone è buonissimo.

In questo momento non ricorda più nemmeno l'oca arrosto della nonna.

Anna guarda il bicchiere di Emma. "Emma, riempi il bicchiere di vino e vieni che scegliamo un film da vedere."

"Ah, guardiamo un film?"

"No, lo lasciamo come sfondo con l'audio basso, ma è una tradizione. Ogni anno, quando eravamo piccoli, dopo pranzo andavamo tutti al cinema a vedere il cinepanettone, ora guardiamo quelli vecchi in televisione!"

"Che cos'è il cinepanettone?" chiede Emma curiosa.

"È una tradizione come fare l'albero o giocare a tombola! Sono dei film comici dove si rappresentano situazioni diverse durante le vacanze di Natale in località spesso esotiche."

"Tombola? Questa domanda la riservo per dopo..." pensa Emma.

"Prendi il telecomando, Emma, e accendi la televisione, per favore. Intanto cerco in internet su quale canale trasmettono il film di Natale." continua Anna.

Emma accende la televisione ma, il volume è altissimo.

"...Col bianco tuo candor, neve
Sai dar la gioia ad ogni cuor
È Natale ancora, la grande festa
Che sa tutti conquistar"

"Anna, abbassa la televisione che non sento lo zio Michele!"

"È stata, Emma, nonna!"

---

6 **scegliere qc** etw auswählen – 8 **uno sfondo** Hintergrund – 18 **accendere qc** etw einschalten – 19 **trasmettere** far vedere un programma o un film attraverso la televisione o la radio – 22 **il candore** purezza, innocenza

"Mi scusi, Signora."

"Signora? Emma, dammi del tu!"

"Mi scusa…scusami…argh" Emma era già un po' brilla.

"Ho trovato il film, eccolo!" annuncia Anna contenta.

Emma ascolta qualche minuto il film a volume basso. Riesce a capire molte parole, ma la comicità è davvero difficile da capire!

"Nonna, nonna, nonna, possiamo cantare le canzoni che abbiamo imparato all'asilo?" chiedono i bambini contenti.

"Certo, quale volete cantare?"

"Tu scendi dalle stelle."

"Tu scendi dalle stelle
O Re del Cielo
E vieni in una grotta
Al freddo al gelo
E vieni in una grotta
Al freddo al gelo"

"Bravissimi, ma ora il pranzo è servito, tutti a tavola!" ordina la nonna.

"Come? Che pranzo? Sono le tre, non abbiamo già mangiato?" si domanda Emma preoccupata.

"Trovate il menù in ogni posto. L'ha fatto vostro cugino Alessio." Alessio, oggi non è potuto venire… Ah, Alessio, lo sapete…"

"Lo sappiamo nonna, che è grafico per una grande impresa, è bravo, bello e ricco." rispondono tutti in coro.

---

3 **brillo, -a** *qui:* che ha bevuto un po' troppo – 8 **l'asilo** istituzione educativa per i bambini da 3 a 6 anni – 11 **Tu scendi delle stelle** *uno dei canti natalizi italiani più conosciuti, composto nel 1754* – 13 **una grotta** Höhle

Menu di Natale della famiglia Caruso-Capriotti

La minestra maritata di nonna Sofia
Il sartú di riso di papà Gino
I vincisgrassi di nonna Lorena
I maccheroni al forno di zio Stefano
Le Polpette fritte con i peperoni di zia Pia
Coniglio in salmì di zia Marina
L'insalata di rinforzo di mamma Smeralda
La macedonia di zio Beppe
Gli struffoli di Anna
Il pandoro comprato da Anna e Stefano
Il panettone comprato dai piccoli Giorgio, Giacomo e Stella
Il torrone comprato dal nonno Pierino
Grazie a tutti!

"Così tante belle qualità! Qualcuno mi presenti Alessio!" pensa sorridendo Emma.

"Anna, quanti giorni dura il pranzo di Natale?" chiede Emma preoccupata.

"No, Emma, tranquilla sono solo assaggini, la nonna Sofia come sai è napoletana, ma la nonna Lorena è marchigiana. E tutti ci tengono alle tradizioni!"

2 **la minestra maritata** primo piatto tipico della cucina campana, preparato per le feste – 3 **il sartú di riso** timballo di riso al sugo, con funghi, polpette, uova sode e mozzarella – 4 **i vinicisgrassi** lasagne condite con passata di pomodoro e carne mista – 7 **il coniglio in salmì** coniglio cucinato in padella con diverse spezie come l´alloro e la salvia – 10 **gli struffoli** dolce tipico a forma di palline – 13 **il torrone** dolce a base di zucchero, miele, noci o mandorle – 19 **gli assaggini** piccoli pezzi di cibo

Improvvisamente Anna ha deciso che era il momento per Emma di dare un discorso. "Emma vuole dire qualcosa a tutti prima di iniziare a mangiare."

"Io?" pensa Emma sorpresa. "Cosa volevo dire? Non ricordo. Il vino sta facendo uno strano effetto."

"Volevo ringraziare tutti per avermi invitata, è un vero...ehm come si dice, è...non lo so..."

"Emma, è un piacere anche per noi, vieni a mangiare."

La zia era pronta e minacciosa con la forchetta in mano "Emma un'altra polpettina fritta? Dai non possiamo lasciare niente."

"Perché, perché non possiamo lasciare niente?" pensa Emma spaventata.

"Prendi anche i peperoni?" chiede la mamma di Anna.

"No, grazie, mi bruciano la gola." risponde Emma.

"Perché, sei allergica?"

"No, ma brucia molto."

"E meno male che non abbiamo usato il peperoncino." aggiunge la nonna sollevata.

"E ora, cos'è il peperoncino?" si chiede Emma confusa.

Sono le cinque ed Emma non sente più i piedi, non li vede neanche. Emma non doveva indossare un vestito così stretto, ma Anna non le aveva detto che a Natale si celebra la maratona del pranzo più lungo dell'anno.

"Facciamo una pausa, che ne dite?" propone lo zio.

"Per favore, facciamo una pausa!" spera Emma.

"Caffè e biscotti mentre apriamo i regali e poi giochiamo a tombola mentre beviamo gli amari e ovviamente mangiamo il

---

1 **improvvisamente** inaspettatamente senza essere annunciato – 9 **minaccioso, -a** qualcosa o qualcuno che fa paura – 14 **bruciare** scottare, provocare bruciore, irritazione – 14 **la gola** Hals – 17 **un peperoncino** Chillischote, Peperoni

pandoro, il panettone e gli struffoli, che ho fatto con tanto amore!" dice Anna.

"E quando arriva la pausa?" chiede Emma ad alta voce.

Tutti ridono.

"Anna che differenza c'è tra il panettone e il pandoro?" chiede Emma per sapere se deve provarli entrambi o solo uno.

"Allora, sono entrambi dolci tradizionali di Natale, ma io preferisco il pandoro. Nel panettone ci sono i canditi e l'uvetta, nel pandoro no. E poi il pandoro è così soffice!"

"Prendete già la tombola. È nell'armadietto dei giochi!" dice il papà di Anna. "Io preparo il caffè."

Emma adora i giochi, ma un pezzettino di cibo in più e può anche esplodere.

"Emma questo regalo è per te."

"Per me? Grazie, Anna! Sono due biglietti per uno spettacolo al teatro San Carlo, ma è troppo!"

"No, Emma, sei qui da sola e devi avere un bel ricordo delle tue vacanze natalizie in Italia. Poi se vuoi puoi portare anche me a teatro!" scherza Anna. "Emma, tra la tombola e le carte qui restiamo fino alle tre di mattina… e si rimangia! Se vuoi andare a casa e riposarti lo capisco e invento io una scusa per tutta la famiglia."

"Anna, grazie è stata una giornata meravigliosa e sono felicissima di non essere tornata in Germania, ma non riesco più a stare in piedi! Torno volentieri a casa!"

---

8 **un candito** kandierte Frucht – 8 **l'uvetta** *f* Rosinen – 9 **soffice** weich – 10 **un armadietto** armadio piccolo

"Prendi questo digestivo quando arrivi a casa, mi raccomando. È fondamentale."

"Toglimi un'ultima curiosità. Come si gioca a tombola?" chiede Emma.

"La tombola è simile al bingo, c'è un tabellone grande su cui ci sono i numeri da 1 a 90, uno di noi prende il tabellone ed estrae i numeri. Ci sono poi delle cartelline ed ognuno "acquista" due o tre cartelline. Si decide il prezzo delle cartelline, noi mettiamo 3 euro per una cartellina. Quando vengono estratti i numeri si cercano nella propria cartellina e si coprono. Quando tutti i numeri di una cartellina vengono coperti si chiama tombola. Ma ci sono anche l'ambo (due numeri sulla stessa riga), il terno (tre numeri sulla stessa riga), la quaterna (quattro numeri sulla stessa riga) e la cinquina (cinque numeri sulla stessa riga). Si vincono i soldi delle cartelline. La tombola ovviamente è il premio più grande e poi ci sono i premi minori per l'ambo etc.! Noi facciamo la versione napoletana! Quando si estraggono i numeri la persona che ha il tabellone dice anche il significato dei numeri! Sai ogni numero ha un significato! Ma questa storia te la racconto un'altra volta!"

Per la prima volta nella sua vita Emma torna scalza a casa.

Ha ancora una settimana di eventi, teatro, cinema, una cena con le colleghe, ma questa giornata è stata davvero speciale e non solo perché probabilmente è ingrassata quattro chili in un giorno e dovrà tenere i piedi nel ghiaccio un'intera notte... Ha vissuto finalmente una realtà autentica, una famiglia caotica, ma così affettuosa e generosa. Una casa decorata, piena di foto e nonne orgogliose dei loro nipoti. A proposito, Emma ha dimenticato di chiedere ad Anna il numero di Alessio...

---

1 **digestivo** un liquore o un medicinale che aiuta a digerire – 1 **mi raccomando** *loc* Denk daran, Vergiss es nicht! – 20 **scalzo, -a** senza scarpe

Emma si sente un pochino più ricca dentro e tanto, tanto felice.

… E viene giù dal ciel, lento
Un dolce canto ammaliator
Dalle stelle fino a quaggiù
È Natale, non soffrire più.

---

2 **E viene giù…** *strofa di Bianco Natale, versione italiana della canzone "White Christmas"* – 3 **ammaliatore** affascinante – 4 **quaggiù** un luogo in basso

6 Il brindisi di Capodanno

A settembre Joseph è arrivato a Milano. Non parlava benissimo italiano, ma era molto felice della sua decisione. L'Erasmus in Italia era un grande obiettivo che aveva pianificato nei minimi dettagli. Aveva scelto la città dei suoi sogni, Milano. Aveva fatto alcuni corsi di italiano e studiato un po' le tradizioni del Bel Paese.

Sono tre mesi che Joseph è in Italia. Joseph è ancora felice. Partire è stata la decisione giusta e questi mesi sono passati velocemente.

È la fine di dicembre, ora Joseph è nel suo appartamento solo soletto, ma ha trascorso le vacanze di Natale a Milano con la sua famiglia ed è stato tutto perfetto.

Hanno fatto tante cose insieme, hanno mangiato un panettone artigianale in una buonissima pasticceria di Milano, hanno comprato dei souvenir nei mercatini a Piazza del Duomo. Hanno ascoltato il concerto di Natale alla Scala. Il padre di Joseph aveva preso i biglietti quando Joseph era ancora in Germania. Un'emozione unica. Lui e sua sorella hanno pattinato al Villaggio delle Meraviglie nei Giardini Indro Montanelli. Hanno fatto una foto tutti insieme seduti vicini a un Babbo Natale, infine si sono goduti le luminarie e la Galleria Vittorio Emanuele II piena di decorazioni natalizie.

3 **un obiettivo** Ziel – 10 **soletto, -a** tutto solo – 17 **pattinare (sul ghiaccio)** eislaufen – 22 **la luminaria** illuminazione coreografica in occasione di una festa

Questa mattina Joseph ha accompagnato la sua famiglia all'aeroporto, era triste, ma aveva anche voglia di riposare un po'. Ora è nella sua stanza e con i pensieri ripercorre gli ultimi tre mesi in Italia. È il momento di tirare le somme.

Che avventura, quante figuracce e quanti incontri bellissimi. Il primo giorno Joseph lo ricorda benissimo. Sembra oggi.

"Giovanotto spostati dalla strada, vuoi morire?" grida un automobilista furibondo.

Joseph è in strada e deve attraversare. Ci sono le strisce pedonali e il suo nuovo appartamento è a un passo da lui. Sembra facile, ma non lo è. Dall'altro lato sente già un nuovo automobilista:

"O attraversi o te ne vai. Ma cosa stai facendo?"

Ogni volta che Joseph prova a fare un passo, un'automobile sembra pronta a investirlo. Sembra un obbiettivo dei conducenti.

"Svegliati!"

"Devo andare, devo buttarmi, non posso restare qui per sempre." pensa Joseph cercando di farsi coraggio.

Beep Beep "Cosa fai fermo in mezzo alla strada? Togliti dalle strisce pedonali! Hai la testa tra le nuvole?"

"Corri Joseph, corri… Sono salvo." sospira Joseph.

In questa occasione Joseph ha imparato una cosa importante: i milanesi hanno sempre fretta e non sempre pazienza.

---

3 **ripercorrere** *qui:* rivivere nella mente eventi del passato – 4 **tirare le somme** arrivare a una conclusione – 5 **una figuraccia** brutta figura – 8 **furibondo, -a** molto arrabbiato, furioso – 9 **le strisce pedonali** Zebrastreifen – 14 **investire qu** *qui: jdn* überfahren – 14 **un conducente** (Auto)Fahrer – 16 **buttarsi** *qui*: non perdere un'occasione, fare qualcosa senza riflettere troppo – 18 **togliersi** *qui:* allontanarsi, andare via – 19 **avere la testa tra le nuvole** essere distratto, non concentrato su quello che si sta facendo – 20 **sospirare** seufzen

Ora Joseph è un professionista quando attraversa la strada!

La mente di Joseph viaggia ancora tra i ricordi, come il giorno del suo arrivo nel nuovo appartamento.

"Ben arrivato Joseph! Vuoi un caffè? Abbiamo appena fatto un caffè buonissimo." Le prime parole del suo nuovo coinquilino Marcello.

"Ciao, grazie ma non bevo caffè."

"In che senso?"

"Non mi piace."

"È una cosa normale in Germania?"

"Non lo so, io non lo bevo!"

"Ti abituerai! Ti faccio vedere la tua stanza così puoi lasciare le tue valigie."

"Grazie mille."

"Ma dove sono le tue valigie? Te le hanno rubate? Le hanno perse all'aeroporto?"

"No, no, ho questo zaino grande e la valigia a mano."

"Solo? Per un intero anno?"

Solo? Joseph era sicuro di aver esagerato!

"È arrivato Joseph?" grida Viviana dalla cucina.

"Sì, sta lasciando i bagagli in camera."

"Marcello, venite in cucina, è pronto il caffè!"

"Non beve caffè." risponde Marcello.

"Neanche con il latte?" grida sempre più forte Viviana.

"No! Dice che non gli piace."

"Il latte?"

"No, il caffè."

"In che senso?"

---

8 **in che senso?** inwiefern? – 15 **rubare** prendere qualcosa che è di altri e portarla via senza permesso – 19 **esagerare** (re)agire in modo eccessivo

Ora Joseph beve un po' di caffè. Lo fa per sopravvivenza e per non rispondere troppe volte alle stesse domande!

Joseph ha imparato che il caffè è un rito irrinunciabile per gli italiani, è una bevanda energizzante. Gli italiani bevono in media tre caffè al giorno, ma i suoi coinquilini anche cinque. Poi c'è un caffè molto speciale che i suoi coinquilini preparano il giorno prima di un esame, per studiare tutta la notte. Si chiama il caffè degli studenti, una vera bomba di caffeina. Si prepara sempre con la moka, ma al posto dell'acqua per far salire il caffè si utilizza il caffè stesso. Joseph non l'ha mai provato. Non vuole restare sveglio fino alla fine dell'Erasmus.

Joseph non vuole abbandonare i suoi ricordi: pensa, si rilassa e ride un po'. Il primo giorno all'università? Non si dimentica mai.

"Stai attento a dove cammini! Mi hai fatto cadere i libri. Oggi piove sul bagnato, che brutta giornata!"

L'incontro scontro con Sara.

"Scusa! Sono distratto, sono un po' disorientato." risponde Joseph dispiaciuto.

"Dammi una mano, dai!"

Jospeh è confuso: "Perché vuoi la mia mano?"

"Aiutami a raccogliere i libri. Ma dormi in piedi?"

---

2 **la sopravvivenza** Überleben – 6 **un rito irrinunciabile** un'abitudine assolutamente necessaria – 13 **una moka** Espressokocher – 20 **Piove sul bagnato.** *loc* Ein Unglück kommt selten allein. – 21 **uno scontro** urto, incontro violento – 26 **raccogliere** *qui:* prendere qualcosa da terra

Sara conferma due stereotipi sulle donne italiane: è bellissima e ha un bel temperamento.

E a proposito di stereotipi, purtroppo Joseph ha scoperto a sue spese che non tutte le donne italiane sanno cucinare. La sua coinquilina Viviana prepara solo tanti caffè.

Il cibo riporta Jospeh ancora indietro nel tempo, esattamente al primo giorno in pizzeria con gli amici dell'università e Sara. Per Joseph è un ricordo caro, in tutti i sensi.

"Prego. Questo è il vostro tavolo." dice il cameriere gentilmente.

"Può portarmi una birra, per favore?" chiede Joseph.

"Joseph, prima guardiamo il menù." dice Sara a bassa voce.

"Non si possono ordinare le bevande?"

"Si ordinano prima le pietanze e poi le bevande." spiega un amico.

"Sara, non trovo la pizza Hawaii. Puoi aiutarmi?"

"Che cos'è?"

"Come che cos'è, Sara? È una pizza buonissima. È una Margherita con sopra il prosciutto cotto e l'ananas."

"Oh no! Sei uno di quelli che mangia l'ananas sulla pizza? Che delusione, Joseph, la frutta puoi mangiarla dopo se vuoi!"

"Ma a me piace tantissimo! È buonissima, devi provarla!"

"Ma non ci penso proprio."

Joseph ordina una Margherita.

Joseph e Sara chiacchierano tutta la sera.

Alla fine Sara si rivolge al cameriere: "Il conto, per favore!"

"Ecco a voi!"

"Ragazzi, facciamo alla romana?" domanda Marco, un amico dell'università.

"Che cosa significa fare alla romana?" chiede Joseph.

---

3 **a sue spese** *fig* con sacrificio o danno personale – 13 **una pietanza** cibo, piatto

"Significa dividere l'intero importo del conto fra tutti quelli che hanno mangiato, è più facile così."

"Joseph, il caffè te lo offro io." dice Sara dopo aver visto la faccia perplessa di Joseph che ha preso solo una birra.

Joseph ha imparato tre cose importanti: gli italiani non accettano la frutta sulla pizza e dividono il conto.

Infine Joseph ha imparato una dura lezione: è meglio non bere un caffè dopo cena, neanche per impressionare una ragazza, altrimenti la notte si passa in bianco.

C'è un ultimo ricordo che vale la pena di essere "rivissuto" pensa Joseph arrossendo... Le prime lezioni di italiano!

Il professore ha cominciato la lezione con una domanda: "Se dico: "l'Italia" a cosa pensate?"

"La pizza, ma senza ananas o il caffè tutto il giorno." risponde Joseph soddisfatto.

Gli altri studenti ridono.

Una studentessa americana prende la parola: "Per me l'Italia non è solo pizza e caffè. L'Italia è moda. Penso ad Armani, Gucci... E l'Italia è arte."

"Io penso a tutte le città famose: Roma, Milano, Palermo, Firenze, Bolzano..." continua uno studente francese.

"Ah! Bolzano e il lago di Garda non sono tedeschi?" scherza Joseph.

Ripensandoci ora, non era così divertente, perché questa volta neanche i ragazzi tedeschi ridevano, forse non l'avevano capito.

Ma l'episodio più imbarazzante che Jospeph ricorda è successo un paio di lezioni dopo, quando in classe si parlava di famiglia,

---

4 **perplesso, -a** che ha dei dubbi, è indeciso – 9 **passare una notte in bianco** *loc* non dormire tutta la notte – 10 **valere la pena** sich lohnen

amici, animali, caratteristiche fisiche e caratteriali. Un ricordo che Joseph in realtà vuole dimenticare, ma non può.

"Joseph, descrivi la ragazza dei tuoi sogni: come si veste, i capelli, gli occhi..." chiede il professore.

Jospeh è molto distratto. Scrive e riscrive un messaggio per Sara. È rimasto ancora alla domanda precedente: "Hai mai avuto un animale domestico?" Parlane alla classe...

"Sì, certo. È in Germania, a casa con la mia famiglia! Il suo pelo è bianco e lucidissimo e le sue orecchie così buffe. I suoi occhi grandi, grandi. Non abbaia mai. Ama le coccole. Mi manca, è il cane più dolce del mondo."

"De gustibus non est disputandum, gli occhi grandi, grandi piacciono anche a me!" dichiara il professore sorridendo.

Joseph ha imparato che alcuni stereotipi non fanno ridere e che il cellulare... no! Questo Joseph non l'ha ancora imparato! Ogni tanto a lezione scrive un messaggio a Sara e si distrae.

Ora è il momento di lasciar andare i ricordi, ascolta la musica e in mano ha un pacchetto, un regalo di Sara. Il biglietto dice:

Per aprirmi aspetta Capodanno.

Sara non c'è, è dalla sua famiglia per le feste, torna il 30 dicembre, mancano solo tre giorni. Se Joseph apre il pacchetto non deve dirglielo. Solo una sbirciatina.

"Ma... cos'è?" si domanda Jospeh confuso.

---

22 **una sbriciatina** guardare qualcosa brevemente

"Ma sono dei boxer rossi! Cosa significa? Perché Sara mi regala dei boxer? È una cosa molto intima. E poi rossi. Sono il simbolo della passione." pensa Joseph ancora più confuso. "Forse Sara vuole comunicargli che finalmente ha deciso di dargli una possibilità?"

Drin drin. Joseph riceve un messaggio.

Joseph dimmi la verità. Hai già aperto il pacchetto, vero?

"Ho le telecamere in casa? Come fa a saperlo?" pensa Joseph spaventato.

Joseph…

Sono un ragazzo curioso. 

Lo sapevo! Ti ho colto con le mani nel sacco.

Posso chiederti perché mi hai fatto questo regalo?

In Germania non si usa?

Non saprei. Penso di no…

Allora devo spiegarti!

---

9 **spaventato, -a** erschrocken – 12 **cogliere qu con le mani nel sacco** *loc* sorprendere qualcuno mentre fa qualcosa di proibito / vietato

Le mutande rosse sono una tradizione di Capodanno e portano fortuna! Ci sono tante storie su questa tradizione. Gli slip devono essere indossati al contrario per tutta la notte di Capodanno e poi messi per il verso giusto il giorno dopo. È un simbolo per far andare il nuovo anno nel verso giusto: il vecchio va via e si fa avanti il nuovo.

Che cosa pensavi?

Assolutamente niente!

Ci vediamo a Capodanno! 🥳

Ok 😊 e grazie!

"Mi manchi Sara." pensa Joseph, ma non lo scrive.

Capodanno è arrivato ed è ora di fare una lunghissima spesa per il fatidico cenone. A Joseph piacciono molto le tradizioni e la cultura. C'è sempre qualcosa di nuovo da imparare.

"Che cosa dobbiamo comprare?" chiede Joseph a Marco.

"Siamo quindici, giusto?" chiede Marco. "Il tuo coinquilino Marcello viene?"

"Penso di sì, si è lasciato da poco con la ragazza e non vuole festeggiare con i suoi amici, quindi dovrebbe venire."

"Se non ha la ragazza potrebbe fare il filo a Sara, attento!"

"Marco, abbiamo poco tempo per fare la spesa, l'hai detto tu, concentriamoci!"

---

1 **le mutande** *fpl* Unterhose – 13 **fatidico, -a** schicksalhaft – 20 **fare il filo a qu** *fam* jdn den Hof machen

"Fammi guardare bene la lista." risponde Marco. "Abbiamo diversi antipasti da preparare e ci servono un misto di formaggi, le verdure, le bruschette e un po' di affettati."

"Va bene, Marco, io vado a prendere i formaggi."

"No, tu occupati del pane, i formaggi li prendo io."

"Non ti fidi di me?"

"Se vuoi provare, va bene! Allora vai al banco e prendi il Gorgonzola, la Provola, un pezzo di Grana Padano e un pezzo di Taleggio. E visto che sei al banco frigo passa poi nel reparto salumi e prendi un etto di salame cremonese, un etto di salame ungherese, due etti di prosciutto crudo bergamasco..."

"Marco, ho capito solo "Gorgonzola". Io prendo il pane, c'è ancora qualcosa di facile e in italiano che posso prendere io?"

"Allora, puoi prendere la pasta per le lasagne, non abbiamo tempo di farla a mano e la carne per l'arrosto la prendo io. Prendi anche l'uva e l'ananas e un pandoro."

"Ora ho capito perché si chiama Cenone. È una cena molto grande!"

"E sì, ora mettiamoci all'opera, abbiamo poco tempo."

Joseph è in fila per pagare e aspetta Marco.

"Joseph, le lenticchie le hai prese tu? Io ho solo il cotechino."

"No, Marco, non mi hai detto di prenderle, ma se abbiamo le lenticchie perché facciamo anche le lasagne? Non è troppo?"

"Le lenticchie e il cotechino si mangiano a mezzanotte, dopo il cenone!"

"A mezzanotte?"

"È una tradizione, Joseph! In Italia ci sono le lenticchie, in Spagna si mangia l'uva, in Grecia si mangia il melograno: tutti simboleggiano soldi e ricchezza per l'anno nuovo."

10 **un etto** 100 grammi – 19 **mettersi all'opera** iniziare a fare qc – 28 **il melograno** Granatapfel

"Perché, però, in Italia mangiano proprio le lenticchie?"

"Le lenticchie sembrano delle piccole monete d'oro."

"E il cotechino, cos'è?"

"È carne di maiale, buonissima ma particolarmente grassa. Per questo motivo è diventata il simbolo dell'abbondanza."

"Ora che ci penso anche in Germania ci sono delle tradizioni per la notte di Capodanno. Per esempio in alcune regioni c'è l'usanza di lasciare un piatto pieno di cibo, in segno di prosperità."

"E non si mangia?"

"No, si lascia lì."

"Mia nonna se qualcuno lascia un piatto pieno a tavola non gli parla per un mese! Andiamo a pagare, ora abbiamo tutto. Le altre cose le portano Sara e Federica…"

"Anche loro portano qualcosa?"

"Joseph, si chiama Cenone!"

---

5 **l'abbondanza** *f* grande quantità

È la sera di Capodanno e sono tutti in cucina a casa di Marco. I genitori sono in montagna e Marco ha la casa tutta per sé e i suoi amici. Joseph apparecchia. Tutti sono vestiti eleganti.

"Joseph che bello che sei, questa camicia ti calza a pennello. E la cravatta è molto colorata." dice Sara sorridendo.

"Ti piace? Me l'ha prestata Marco. Ha detto che non potevo partecipare alla cena senza cravatta. E le scarpe sono di Alessandro. Non ti sembrano troppo lucide?"

"Joseph, non stare con le mani in mano, vieni ad aiutarmi." esorta Marco impaziente.

"Eccomi, arrivo!" risponde Joseph sbuffando. "Scusa, Sara."

"No, no, Marco ha ragione, dobbiamo preparare tutto, così poi possiamo goderci la serata."

"Gli affettati sono a tavola, i primi e i secondi si stanno riscaldando e i contorni sono pronti." annuncia Francesca soddisfatta. "Ragazzi, penso proprio che ci possiamo sedere!"

"Mia nonna Maria ogni Capodanno ci raccontava tutte le tradizioni di Milano dell'ultima sera dell'anno e della mattina dopo. Ce n'è una che faceva ridere sempre tutti!" dice Marco sorridendo. "Sara, passami il vino e poi ve la racconto."

"Ma è quella della pantofola, vero? La conosco!" dice Sara.

"Anch'io." si unisce Marcello.

"Sì, ma Joseph non la conosce." Marco interrompe tutti.

"Neanch'io la conosco! Sono di Roma." commenta Alessandro, il ragazzo di Marco.

"Allora..." riprende Marco. "la mattina di Capodanno, le ragazze di Milano lanciavano in aria la propria pantofola, poi guardavano la direzione in cui cadeva la pantofola. Con la punta

---

3 **apparecchiare** preparare la tavola – 4 **calzare a pennello qc** andare benissimo – 9 **stare con le mani in mano** non fare niente – 13 **godersi qc** etw genießen – 28 **una punta** Spitze

indirizzata verso la porta avrebbero trovato marito, in caso contrario, zitelle fino all'anno dopo!"

"Sara, anche se non è ancora la mattina di Capodanno, tiriamo una pantofola? Sono curiosa! Io ne ho un paio nella borsa, così poi posso togliere i tacchi!" ridacchia Francesca.

"Anch'io le ho portate! Tiriamole insieme." risponde Sara divertita.

" 3...2...1..." conta Marcello.

"Sara, la punta della tua pantofola non guarda la porta ma guarda Joseph!"

Tutti ridono e Joseph arrossisce.

"Queste tradizioni sono divertenti." commenta Joseph per togliersi dall' imbarazzo.

"Joseph, c'è ancora una tradizione bellissima, ma ne parliamo a mezzanotte."

"Lo spumante?" chiede Joseph.

"Joseph, sei sempre impaziente. No, non si tratta dello spumante. Ma è vero, a mezzanotte si fa il brindisi."

"Brindisi come la città?"

"No... o meglio, non lo so! Non me lo sono mai chiesto!" risponde Sara confusa. "Ragazzi, qualcuno sa perché si dice *fare un brindisi*?"

"No." risponde Antonella. "Prendo il telefono e googliamo."

"Qui dice che si fa un brindisi per augurarsi reciprocamente buona fortuna bla, bla, bla, no! Non ci credo!"

"Che cosa dice, leggi." incita Francesca.

"Ha origini tedesche." risponde Antonella.

"Davvero?" chiede Joseph stupito.

---

2 **una zitella** donna in età avanzata senza un marito – 5 **togliere** ausziehen – 5 **un tacco** *qui* Schuh mit hohem Absatz – 13 **l'imbarazzo** Verlegenheit – 24 **reciprocamente** einander

"Sì, fare un brindisi deriva dalla frase… non so se riesco a pronunciarla bene: *bring dir's* (bring es dir), ovvero…"

"Io porto a te." traduce Joseph.

"Esatto, Joseph, significa: *ti porto il mio* calice *per brindare alla tua salute.*"

"In Germania diciamo *Prost.*"

"Interessante." continua Antonella. "In internet c'è scritto che in Italia si usava anche dire "Prosit" per brindare e ora non si usa quasi più. Deriva dal latino, dal verbo *prodesse* e significa 'ti sia di giovamento.'"

"Ragazzi possiamo continuare a mangiare e bere? Non siamo a un corso all'università." sbuffa Carlo.

"Carlo, è sempre bello imparare qualcosa di nuovo, ma hai ragione è una sera di festa, brindiamo!" Marcello alza il suo bicchiere.

"Brindiamo a una cena buonissima e una serata divertente e ricca di sorprese e tradizioni." continua Sara.

"Quindi, Sara, per conoscere la tua tradizione devo aspettare mezzanotte?"

"Certo, Joseph, non c'è fretta!" risponde Sara.

Joseph prova a prendere il cellulare per googlare *tradizioni di Capodanno.*

Ci sono davvero troppe tradizioni per trovare quella giusta!

"Quando arriva mezzanotte?" pensa Joseph.

Le lancette dell'orologio sembrano ferme e i minuti durano ore. Ma dopo un bicchiere di vino, un pezzo di formaggio, due piatti di lasagne, l'arrosto e ancora vino, inevitabilmente arriva il momento del conto alla rovescia.

---

4 **un calice** bicchiere – 10 **il giovamento** effetto positivo per la salute – 12 **sbuffare** perdere la pazienza – 20 **la fretta** Eile – 25 **una lancetta** (Uhr-)Zeiger – 28 **il conto alla rovescia** Countdown

10…9…8…7…

“Vieni, Joseph, andiamo sotto la porta.” Sara prende il braccio di Joseph.

6…5… “Sara che facciamo qui sotto?” chiede Joseph.

4…3…2…1… Sara bacia Joseph.

“Auguri! Buon Anno Nuovo!” gridano tutti.

“Alza la testa, Joseph.” dice Sara sorridendo.

Joseph guarda in alto e vede un rametto di vischio.

“Si dice che chi si bacia sotto al vischio riceve una protezione eterna ed è il simbolo dell’amore.” continua Sara.

“È molto romantico. Sara non ti ho mai vista arrossire, sei bellissima, baciami ancora.” Joseph stringe forte Sara tra le sue braccia.

Dalla finestra della casa si sente il rumore dei fuochi d’artificio. La casa di Marco è vicino al centro di Milano e dalla finestra si può vedere il duomo illuminato.

8 **un rametto** piccolo ramo (Ast) – 8 **un visichio** Mistel – 14 **un fuoco d’artificio** Feuerwerk

Tutti iniziano a fare un divertente trenino sulle note di *Maracaibo.*

"Joseph canta con me *Maracaibo.*" dice Sara sorridendo. "È il mio cavallo di battaglia."

Maracaibo
Mare forza nove
Fuggire sì, ma dove
Za za

Joseph è al settimo cielo, non sente e non vede nulla, non canta, non sa cantare, c'è solo Sara per lui. L'anno è iniziato proprio come Joseph sperava. Le mutande rosse portano fortuna! Forse Joseph deve mangiare anche le lenticchie. Ma ora si gode il momento più romantico della sua vita. Per le lenticchie c'è ancora tempo!

O no?

"Joseph vieni a tavola, dai Sara anche tu, è ora delle lenticchie!"

---

4 **un cavallo di battaglia** *qui:* canzone che qu interpreta particolarmente bene – 6 **forza nove** *qui:* (mare) tempestoso – 7 **fuggire** scappare

Abbreviazioni e simboli

etw	etwas
f	femminile
fam	familiare
jdm	jemandem
jdn	jemanden
loc	locuzione
m	*maschile*
pl	plurale
qc	qualcosa
qu	qualcuno
≠	contrario di
→	rimanda a un vocabolo della stessa famiglia